高等职业教育“十三五”精品规划教材（汽车制造类专业群）

汽车美容与装饰

（第二版）

主　编　颜　宇

副主编　杨　胜　曲金烨　李伟超　叶　芳

中国水利水电出版社
www.waterpub.com.cn
·北京·

内 容 提 要

本书主要内容：汽车美容基本知识及常用工具、汽车外部美容、汽车内饰美容、汽车车窗贴膜、汽车改装以及汽车美容企业经营管理等。书中设立项目导读和项目小结，并设立了不同程度的项目训练，以便读者学习和复习。本书面对高等职业教育的需求，重在培养具有实践和创新能力的高等应用型人才。

本书可作为高职高专院校汽车服务工程专业的教学用书，也可以作为汽车美容培训班的培训用书，还可以作为自学者及技术人员的自学用书。

图书在版编目（CIP）数据

汽车美容与装饰 / 颜宇主编. -- 2版. -- 北京 : 中国水利水电出版社, 2019.4
高等职业教育“十三五”精品规划教材. 汽车制造类专业群
ISBN 978-7-5170-7598-1

Ⅰ. ①汽… Ⅱ. ①颜… Ⅲ. ①汽车－车辆保养－高等职业教育－教材 Ⅳ. ①U472

中国版本图书馆CIP数据核字(2019)第069210号

策划编辑：石永峰　　责任编辑：张玉玲　　封面设计：梁　燕

书　名	高等职业教育“十三五”精品规划教材（汽车制造类专业群） 汽车美容与装饰（第二版） QICHE MEIRONG YU ZHUANGSHI
作　者	主　编　颜　宇 副主编　杨　胜　曲金烨　李伟超　叶　芳
出版发行	中国水利水电出版社 （北京市海淀区玉渊潭南路 1 号 D 座　100038） 网址：www.waterpub.com.cn E-mail：mchannel@263.net（万水） sales@waterpub.com.cn 电话：（010）68367658（营销中心）、82562819（万水）
经　售	全国各地新华书店和相关出版物销售网点
排　版	北京万水电子信息有限公司
印　刷	三河市鑫金马印装有限公司
规　格	184mm×260mm　16 开本　10.75 印张　250 千字
版　次	2010 年 8 月第 1 版　2010 年 8 月第 1 次印刷 2019 年 4 月第 2 版　2019 年 4 月第 1 次印刷
印　数	0001—3000 册
定　价	32.00 元

第二版前言

汽车美容行业正在向个性化审美方向化发展。随着我国国民经济的高速发展以及人民生活水平的快速提高，汽车的使用已经非常普遍了，汽车美容的个性化需求也日趋强烈。

汽车美容是 20 世纪 90 年代才发展起来的一种全新的服务内容，它具有严格的系统性、规范性和专业性。本书结合我国汽车美容市场的现状，针对高职高专汽车技术服务专业技能培养的需要，深入浅出地介绍了汽车美容的相关内容。

本书主要内容：汽车美容基本知识及常用工具、汽车外部美容、汽车内饰美容、汽车车窗贴膜、汽车改装以及汽车美容企业经营管理等。书中设立项目导读和项目小结，并设立了不同程度的项目训练，以便读者学习和复习。该书面对高等职业教育的需求，重在培养具有实践和创新能力的高等应用型人才。

本书由山东技师学院颜宇任主编，山东技师学院杨胜、曲金烨、李伟超、叶芳任副主编。项目一和项目五由颜宇编写，项目二由曲金烨、颜宇编写，项目三由杨胜、李伟超编写，项目四由叶芳编写，项目六由颜宇、杨胜编写。全书由颜宇统稿。另外，张希亮、胡克晓、张美吉、曲佳佳、王成龙、杨久朋、杨健等为本书内容的编写提供了部分资料。

在本书的编写过程中，除了所列参考文献外，还参考了许多国内外的报刊、网站等的相关内容，在此对原作者、编译者表示由衷的感谢。

由于编者的水平有限，书中的不当之处在所难免，恳请广大读者、行业从业人员提出宝贵的意见和建议，我们不胜感激。

编 者

2019 年 1 月

第一版前言

汽车的诞生与发展是人类文明进步的缩影。汽车美容标志着汽车从最初的代步工具演变成为财富、地位的象征，进而向个性化以及审美文化迈进。随着我国国民经济的高速发展以及人民生活水平的快速提高，汽车已经普及到寻常百姓生活的每一个角落，汽车的个性化需求已经不再是一件困难的事情。

汽车美容是 20 世纪 90 年代才发展起来的一种全新的服务内容，它具有严格的系统性、规范性和专业性。本教材结合我国汽车美容市场的现状，针对高职高专汽车技术服务专业技能培养的需要，深入浅出地介绍了汽车美容的相关内容。

本书主要内容包括：汽车美容基本知识及常用工具、汽车外部美容、汽车内饰美容、汽车车窗贴膜、汽车改装以及汽车美容企业经营管理等。书中设立章前导读和章后小结，并设立了不同程度的练习题，以便读者学习和复习。该教材面对高等职业教育，重在培养具有实践和创新能力的高等应用型人才的需求。

本书由山东技师学院刘振革、颜宇、窦磊任主编，曲金烨、孙龙、潭洪波任副主编。第 1 章由刘振革、颜宇编写，第 2 章由曲金烨、颜宇编写，第 3 章由谭洪波编写，第 4 章由颜宇、窦磊编写，第 5 章由胡福祥、刘振革编写，第 6 章由孙龙编写。全书由颜宇统稿。另外，魏春均、丁风明、田秋荣、叶芳、郝宝兰、安世峰、曲佳佳等为本书内容的编写提供了部分资料。

在本书编写过程中，除了所列参考文献外，还参考了许多国内外的报刊、网站等相关内容，以及部分外文资料的内容，在此对原作者、编译者表示由衷的感谢。

由于编者的水平有限，书中难免会出现差错，恳请广大读者、行业从业人员提出宝贵的意见和建议，我们不胜感激。

编　者

2010 年 5 月

目　录

项目一
汽车美容基本知识及常用工具

项目导读

汽车美容是指针对汽车各部位不同材质所需的保养条件采用不同的汽车美容护理用品及施工工艺，通过先进的设备，经过几十道工序，对车身、车室（地毯、皮革、丝绒、仪表、音响、顶棚、冷热风口、排挡区等）、发动机（免拆清洗）、钢圈轮胎、底盘、保险杠、油电路等汽车的各个部分进行彻底的保养护理。进行汽车保养护理的产品采用高科技手段及优等化工原料制成，能使汽车焕然一新。经过美容的旧汽车可全面彻底翻新，且汽车美容可对车身上的较深划痕进行快速修复，并使其长久保持艳丽的光彩。

任务一　汽车美容基本知识

任务描述

汽车美容是指针对汽车各部位不同材质所需的保养条件采用不同的汽车美容护理用品及施工工艺，对汽车进行全新的保养护理。进行汽车美容的产品采用高科技手段及优等化工原料制成，它不仅能使汽车焕然一新，并长久保持艳丽的光彩，更能让旧汽车全面彻底翻新。本章主要介绍汽车美容的基本知识、汽车美容常用工具及设备、汽车美容护理用品等。

相关知识

一、汽车美容概述

我国“汽车美容”的概念出现在1994年，如今这个概念已被公众普遍接受。汽车美容企业常以“汽车美容中心”自称，现在汽车美容中心已经遍布全国各地。随着整个汽车行业的发展，西方国家的汽车美容业已经达到非常完善的地步，这一行业被形容为“汽车保姆”。相对汽车生产、销售和维修三个行业而言，汽车美容已成为第四个汽车行业。

现代的汽车美容，不仅仅是简单的洗车、打蜡等常规美容护理，还包括利用专业美容系列产品和高科技设备，采用特殊的工艺和方法进行全车漆面美容和修复，底盘防护处理和发动机等系统的免拆清洗等一系列养护技术，能使车貌焕然一新。

对汽车美容的功能通常界定为三层：

最基本的一层是自理性保养。有些车主对汽车的熟悉程度普遍较高，车辆最简单的保养基本都自己完成。一方面车蜡、清洁剂等普通养护用品随处可购，简单方便；另一方面洗车在一定程度上是车主很好的周末健身选择，爱车心理和趣味性体现得十分明显。

第二层是浅性服务。诸如车窗膜等的粘贴、大包围、防盗装置等的安装、内饰品（包括真皮座椅、桃木内饰）的改装、漆面划痕处理、抛光翻新等一些主要汽车美容项目，则需要依赖快修店。快修店一般只进行车辆内外的装备设施保养，不涉及发动机等车辆中心结构的护理工作。

第三层是专业服务。这是技术含量较高的服务种类，属于美容施工深度处理，也是整个汽车美容业最深入的层次。

二、专业汽车美容

一些发达国家的汽车美容发展至今已有近百年的历史。由于我国汽车美容产业起步较晚，故许多消费者将汽车美容简单理解为洗车—打蜡—交车。洗车时所用洗涤剂多数是洗衣粉、肥皂和洗涤精等通用型的洗涤产品而非专用型的。此类产品的pH值一般为10.3～10.9，而汽车油漆耐酸、碱的承受力的pH值在8.0以下。洗衣粉和肥皂水虽然能分解油垢，但会破坏蜡分子的存在，使漆膜氧化失去光泽，加速密封胶条的老化和油漆脱落，使金属被腐蚀以致穿洞等。使用pH值为8.0以上的清洁剂，虽然洗去了车表面的灰尘，却对漆面造成了损害，若长期使用可能会使车漆失去光泽，出现哑色、干裂、生锈，因此不能选用碱性洗车液洗车。打蜡时所用的蜡一般为硬质蜡，车体在上蜡 20 多个小时后才能进行抛光，在这 20 多个小时内，蜡膜会吸附大量的灰尘与沙粒，抛光时会划伤漆面，产生大量划痕，严重影响光泽度。至于漆面的静电吸附、氧化发黑与丝痕累累，一般的洗车打蜡工作也是束手无策，就更谈不上对汽车其他部位的彻底清洁与养护了。

专业汽车美容不仅包括汽车清洗、打蜡，还包括了汽车护理用品的选择与使用、汽车油漆护理（包括各类漆面缺陷的美容、汽车划痕修复等）和汽车整容及装饰等内容，是一个复杂的系统工程。

一般来说，专业汽车美容是通过先进的设备和数百种用品，经过几十道工序，对车身、车室（地毯、皮革、丝绒、仪表、音响、顶棚、冷热风口、排挡区等）进行高压洗尘、吸尘及上光等，对发动机（免拆清洗）、钢毂轮胎、底盘、保险杠、油电路等做整车处理，且对车身上的较深划痕进行特殊快速修复，使旧车面貌焕然一新并保持长久。

1. 专业汽车美容的主要操作工序

（1）全车外部冲洗大块泥沙。

（2）全车外部清洗去油污、静电。

（3）新车打蜡、深度清洗。

（4）漆面焦油、沥青、鸟类粪便等杂物处理。

（5）玻璃抛光增亮翻新。

（6）玻璃清洁、防雾处理、加装防冻清洁剂。

（7）发动机表面清洁、翻新、电路处理。

（8）全车的除锈、防锈、防腐蚀处理。

（9）底盘清洁护理。

（10）漆面橘皮等特殊现象的处理。

（11）漆面一度抛光翻新、去除深度氧化层、轻划痕。

（12）漆面二度抛光翻新、去除太阳纹、斑点。

（13）漆面增艳养护处理。

（14）漆面超级上釉、镀膜处理。

（15）保险杠装饰清洁翻新。

（16）车裙、挡泥板去杂质清洁护理。

（17）全车灯光及左右倒车镜清洁抛光翻新。

（18）轮毂焦油、氧化层的去除，增光翻新。

（19）轮毂清洁增黑，上光护理。

（20）漆面深度划痕、局部创伤快速修复。

（21）车内饰的全面除尘处理。

（22）车内饰顶棚除污翻新。

（23）转向盘、仪表台清洁上光护理。

（24）置物区、烟灰缸、音响区清洁。

（25）冷气出风口清洁处理。

（26）全车电路系统清洁防潮、防老化护理。

（27）车门内侧的清洁翻新上光护理。

（28）真皮清洁、上光养护。

（29）车内丝绒表面的清洁、柔顺护理。

（30）行李箱除污清洁护理。

（31）车内饰去异味、杀菌处理。

（32）全车电光、镀铬表面去除氧化层抛光翻新。

（33）全车检查。

2. 美容护理效果

（1）漆面的翻新护理可使旧车达到艳丽的新车效果，并能长久保持，更具有防静电、防酸雨、防紫外线的功能。

（2）发动机的清洁翻新可使发动机形成光亮保护膜并长久保持。

（3）风窗玻璃的修复抛光能使玻璃变得清澈明亮。

（4）轮毂、轮胎增黑，清洁护理使汽车更具风格。

（5）室内、后备箱内部的清洁、整饰使室内更加清洁、温馨。

（6）漆面各种程度的划痕修复或补漆之后，可使汽车漆面完好如初。

（7）金属裸露部分的除锈、防锈处理可使其多年不生锈。

（8）发动机免拆清洗、定期内部养护可终身不大修。

三、自助汽车美容

在汽车的日常使用中，如果对它只用不养，容易加速汽车的磨损和老化。如果用破布、清水或高压水枪把车简单冲洗一番，表面上把车子洗得干干净净，其实是在对汽车实行破坏性清洗；如果把汽车开进专业美容店，虽然能护理周到，但费用太高。其实，最经济、最简捷的美容手段就是自己动手开展自助汽车美容。以下简单介绍几种自助汽车美容方案。

1. 高级护理方案

（1）特点：美容品全部采用纯天然材料制成，pH 值呈中性，通过日常护理，可起到抗氧化、防酸、抗紫外线照射、防老化等作用。

（2）选材：纯天然洗车液、纯天然车蜡和清洗上光保护剂套装、内饰保护剂。

（3）护理步骤如下：

1）将纯天然洗车液根据产品浓度说明进行稀释、搅匀，用软毛巾或海绵擦洗车身，然后用无纺布或软毛巾轻轻抛光。

2）将纯天然车蜡轻轻摇匀，用柔质布把蜡薄薄地涂在车体上，每次按 $0.5m^2$ 涂擦，并擦除多余积蜡，再用干净布轻擦抛光。

3）根据车轮情况，取车轮清洗剂对车轮进行处理。大约 10 分钟后冲洗干净，用干净布擦干，再涂上上光保护剂。

4）用柔软毛巾或无纺布将真皮清洗剂均匀涂于皮革表面，然后用另一块干净布擦干；再将皮革在阳光下预热 10～15 分钟，将摇匀的真皮上光保护剂用柔软毛巾（或无纺布）均匀地擦在皮革件上，并立即用另一条柔软毛巾（或无纺布）抛光；然后将内饰保护剂喷于车内仪表台等物上，用无纺布擦拭干净。

2. 普通护理方案

（1）特点：利用特殊的高科技配方生产的增光聚合物，润滑性能好，能有效无损害地洗去污渍，且使氧化严重的车漆经抛光后得到较好的修复，并能对清洗的物件起到保护作用，防止紫外线的破坏及造成的老化。

（2）选材：高科技洗车液（适用于各种车漆）、聚酯上光镀膜蜡、轮胎泡沫清洗剂、轮胎泡沫清洗上光剂、仪表台皮革上光保护剂。

（3）简要步骤如下：

1）将高科技洗车液根据产品说明进行浓度稀释、搅匀，用软毛巾或海绵擦洗汽车，然后用无纺布或软毛巾轻轻抛光。

2）将聚酯上光镀膜蜡轻轻摇匀，用柔质布把蜡薄薄地涂在车体上，每次按 $0.5m^2$ 轻擦，并涂擦多余积蜡，稍后用干净布轻擦抛光。

3）根据车轮情况，用轮胎泡沫清洗剂对轮胎进行清洗，然后用干净布擦干，再涂上上光保护剂。

4）用柔软毛巾或无纺布将真皮清洗上光保护剂均匀涂于皮革表面，然后用另一块布擦干；再将皮革在阳光下预热 10～15 分钟，将摇匀的上光保护剂用柔软毛巾（或无纺布）均匀地擦在皮革件上，并立即用另一条柔软毛巾（或无纺布）抛光；然后将仪表台上光保护剂喷于车内仪表台等物上，用无纺布擦拭干净。

3. 新车护理方案

（1）特点：护理用品配方较柔和，不伤原有车蜡，在新车表面形成致密的保护膜，能有效地防水、防酸碱及其他化学物质的腐蚀，为新车驶入各种环境提供理想的保护。

（2）选材：泡沫洗车上光剂、隐形车衣、透明保护剂。

（3）简要步骤如下：

1）将泡沫洗车上光剂喷于车体，用海绵或软毛巾擦拭，然后用清水冲净。

2）用软布或海绵将摇匀的隐形车衣在车身上轻轻以圈状打匀，稍后用干净软布擦净。

3）将透明保护剂摇匀后喷于擦净的皮革、橡胶等处表面，再用干净布擦净。

任务二 汽车美容常用工具及设备

任务描述

汽车美容因美容的部位、材质不同，所选择的操作设备和工具也不同。相同的操作步骤，采用不同的设备和工具，美容的效果也大相径庭。选择合适的设备和工具，在美容操作过程中显得尤为重要。

相关知识

汽车美容常用工具主要有清洁工具、除锈工具、刮涂工具、打磨工具、刷涂工具、喷涂工具、防涂遮蔽工具及其他安全防护工具等。

一、汽车美容常用的清洁工具

1. 海绵

由于海绵（图 1-1）具有柔软性好、弹性好、吸水性强和较好的藏土藏尘能力等特点，有利于保护漆面及提高作业效率。清洗汽车时能使沙粒或尘土很容易深藏于海绵的气孔之内，这样可以避免因擦洗工具过硬或不能包容泥沙而给车身表面造成划痕。一般在使用时让海绵吸入适量已经配好的洗车液，可以清除车身漆面上附着力较强的污垢。

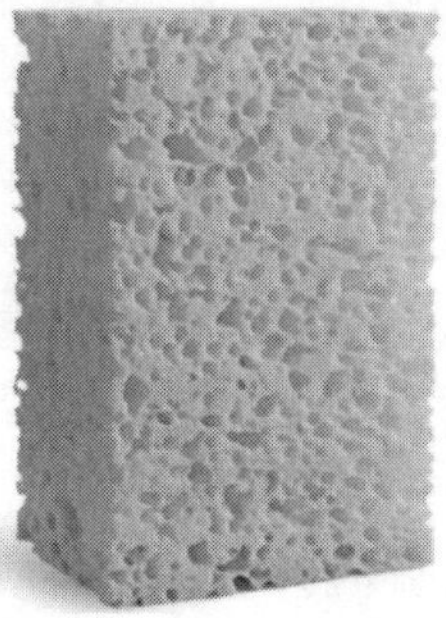

（a）

（b）

图 1-1　海绵

2. 毛巾

毛巾（图 1-2）是汽车美容作业中最常用的工具之一。专业汽车美容场所需准备多块毛巾，包括大毛巾、小毛巾、湿毛巾、半湿毛巾和干毛巾等。大毛巾主要用于车身表面的手工清洗和擦拭；小毛巾主要用于擦洗车身凹槽、门边及内饰部件等处的污垢；湿毛巾、半湿毛巾和干毛巾在清洗、擦拭车窗玻璃时应结合使用。

3. 洗车手套

洗车手套（图 1-3）用于擦洗车身。洗车手套上的绒毛可以容纳灰尘，使得汽车漆面在擦拭时避免被灰尘划伤。

图 1-2　毛巾

图 1-3　洗车手套

4. 空气清洁枪

空气清洁枪（图 1-4）主要用于清洁汽车内饰件，也可用于在清洗车身后将后视镜、车窗等处残余的水珠吹出清除。

5. 仿鹿皮毛巾

仿鹿皮毛巾（图 1-5）具有质地柔软、韧性及耐磨性好和防静电等特点。用仿鹿皮毛巾擦拭的车身、车窗玻璃干燥迅速，不会留有水痕，也不像毛巾那样划伤车身并且留有绒毛，因此仿鹿皮毛巾在洗车作业中使用广泛，主要用于擦干车表。但在洗车作业中宜先用毛巾对车表擦干后，再用仿鹿皮毛巾进一步擦干，以利于延长仿鹿皮毛巾的使用寿命。另外，尽可能选择较厚的仿鹿皮毛巾，其皮质韧性好，耐磨性较强。

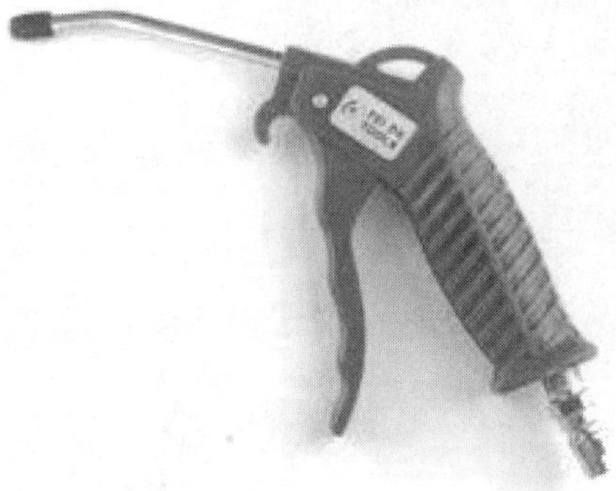

图 1-4　空气清洁枪

图 1-5　仿鹿皮毛巾

6. 板刷

板刷（图 1-6）主要用于轮胎、挡泥板等处附着的泥土污垢的清除。由于这些部位附着的泥土较厚，不易清洗干净，所以要在洗车时有针对性地进行刷洗。板刷选用鬃毛板刷最佳。鬃毛板刷不但具有较好的韧性和较强的耐磨性，还可以减轻刷洗作业对橡胶、塑料产生的磨损。另外，不提倡使用塑料纤维板刷。

（a）鬃毛板刷　　（b）纤维板刷

图 1-6　板刷

7. 车巾

车巾（图 1-7）是较新研制的汽车专用清洁产品。车巾是用蜡、树脂和去离子水乳化混合而成的液体材料浸润于无纺布制成的。一般的清洁剂呈强酸性或强碱性，其去污原理是与污垢进行中和化学反应后达到清洁效果。因此清洁剂不能把与其属同种特性的污垢去掉，即若清洁剂呈碱性，则不能去除碱性污垢。而且强酸或强碱物质对所擦表面会有所损伤，并会刺激人的皮肤。车巾的去污机理是其特有的乳化液与被擦表面的污垢相结合，使之软化、松脱后除去。由于车巾上的乳化液呈现中性（pH=7.0），所以无论是酸性或碱性的污垢均能去除，且不损伤被擦表面，也不刺激人的皮肤，并且可以对擦拭过的部位起到抗静电、除锈防锈、防雾防水等作用，是具有国际最新清洗理念的绿色环保产品。它的高吸水、强去污、不脱毛、长寿命、易洗涤等优点适用于汽车的清洗、上蜡、收蜡以及汽车内饰的清洁等。

图 1-7　车巾

二、汽车美容常用的除锈工具

在汽车修补喷漆之前，应将作业面的锈蚀清除干净，然后才能进行底漆、腻子等涂装。常用的除锈工具有手工除锈工具和机械除锈工具两种。

1. 手工除锈工具

手工除锈是一种最简单的除锈方法。手工除锈使用的工具主要有刮刀（图 1-8）、扁铲、锉刀（图 1-9）、钢丝刷（图 1-10）、废砂轮片（图 1-11）、砂布等。使用手工除锈工具进行除锈时，操作费力、功效低、除锈效果差，但因其简便易行，不受任何限制，仍是局部及部件等小工作量清除锈蚀的主要工具。

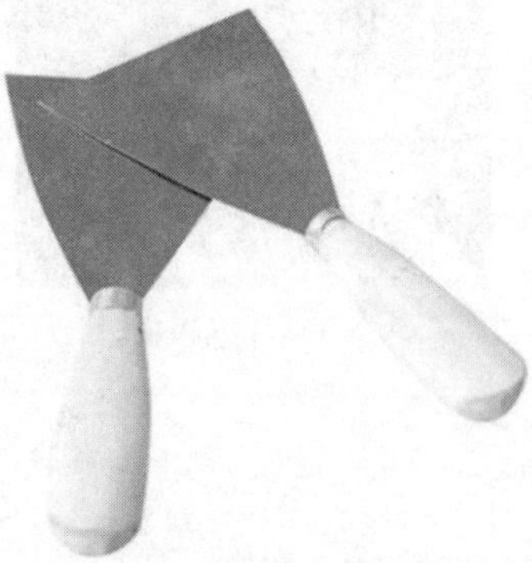

图 1-8　刮刀

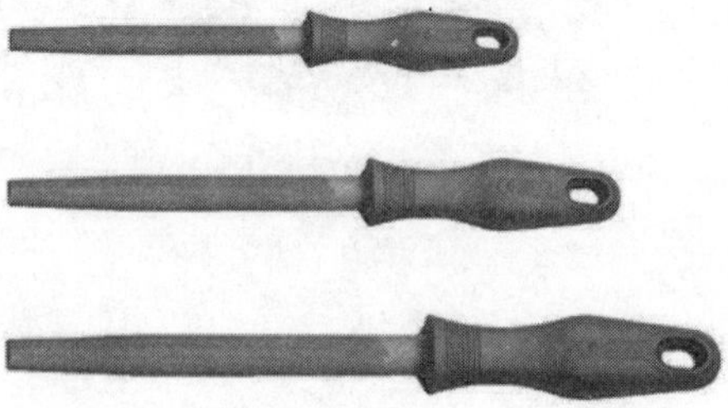

图 1-9　锉刀

图 1-10　钢丝刷

图 1-11　废砂轮片

2. 机械除锈工具

机械除锈工具利用机械产生的冲击、摩擦作用对工件表面进行除锈。机械除锈工具的除锈速度快、质量好、工作效率高，适于大面积或批量汽车锈蚀清除。

机械除锈工具按动力装置的不同分为电动除锈工具和气动除锈工具两类。常用的电动除锈工具：电动刷（电动砂轮），如图 1-12 所示；电动锤（电动针束除锈机），如图 1-13 所示。气动除锈工具是利用压缩空气作动力，带动机器作业进行防锈的工具。常用的气动工具有气动枪（图 1-14）、气动砂轮、气动圆盘钢丝刷、离心除锈器、气动防锈锤等。

图 1-12　电动刷（电动砂轮）

图 1-13　电动锤（电动针束除锈机）

图 1-14　气动枪

3. 喷射除锈工具

喷射除锈工具包括喷丸、干喷砂、湿喷砂等。喷射除锈是以压缩空气为动力，将磨料以一定速度喷向被处理的钢材表面，以除去氧化表皮和铁锈及其他污物的一种同效表面处理方法。其除锈效果好、效率高，适用于汽车车架等处的除锈。在汽车美容中最常见的是湿喷砂除锈，即在磨料（砂）中添加一部分水，以全湿的磨料喷射到被处理表面。这种方法可以有效地除去氧化皮、锈蚀、旧涂层。其优点是可以减少尘埃飞扬，还可以除去盐分。为了防止返锈，可在水中添加一定量的缓蚀剂。

三、汽车美容常用的刮涂工具

汽车美容常用的刮涂工具大致分为刮灰刀、牛角板、钢片刮板与橡胶刮板 4 种类型。

1. 刮灰刀

刮灰刀（图 1-15）又称油灰刀、批灰刀等。它是由木柄和刀板构成。木柄由松木、桦木等制作，刀板由弹性较好的钢板制作。其规格根据宽窄（以刀头宽度区分）可有多种。其特点是规格多、弹性好，可用于不同的场合，使用方便。

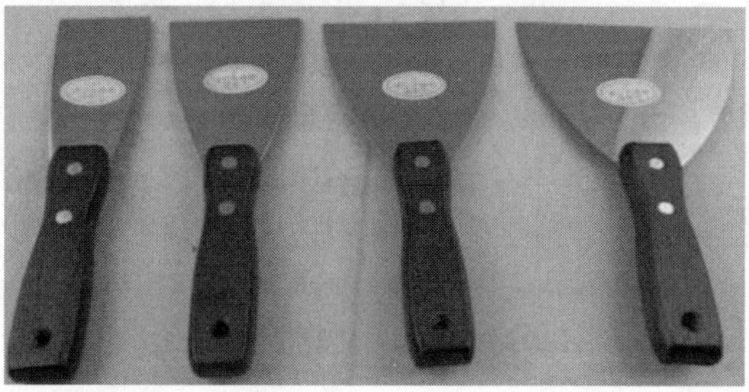

图 1-15 刮灰刀

2. 牛角板

牛角板由优质的水牛角制成。其特点是使用方便，可来回刮涂（左右刮涂）。主要用于修饰腻子的补刮等。牛角板使用后应清理干净置于木夹上存放，以防变形而影响使用。

3. 钢片刮板

钢片刮板（图 1-16）由弹性极好的薄钢片制成。其特点是弹性好、刮涂轻便、效率高，刮后的腻子层平整，即可用于局部刮涂，也可用于全面刮涂。钢片刮板较适于小轿车、大型客车等表面的腻子刮平。

图 1-16 钢片刮板

4. 橡胶刮板

橡胶刮板（图 1-17）采用耐油、耐溶剂和膨胀系数小的橡胶板制成，外形尺寸和形状可根据需要确定。橡胶刮板弹性极好，刮涂方便，可随物面形状的不同进行刮涂，以获得平整的腻子层。尤其对凸形、圆形、椭圆形等物面，使用橡胶刮板刮涂质量更有保证。适于刮涂弧形车门、叶子板等。

图 1-17 橡胶刮板

四、汽车美容常用的打磨工具

1. 手工打磨工具

手工打磨主要是用砂布包塑料垫板进行打磨。可选用长为 180～200mm、宽为 50～60mm、厚为 20～30mm 的垫板（图 1-18）。

图 1-18 垫板

砂纸、砂布是打磨工具的辅助材料。砂纸分水砂纸和木砂纸两种，是将磨料粘结在纸上制成的。木砂纸主要用于磨光木制品表面；水砂纸由于涂有耐水涂料，所以不怕水，可以进行水磨。砂布一般用布、胶、砂子制成。汽车美容中一般只用水砂纸和砂布。

2. 机械打磨工具

常用的机械打磨工具的种类很多，按动力装置不同可分为电动打磨工具和气动打磨工具两大类。

（1）电动打磨工具。电动打磨工具主要有电动软轴磨盘式打磨机（图 1-19）、电动软轴带洗尘袋磨盘式打磨机、电动磨灰机（图 1-20）等，主要用于清除钢铁表面上的铁锈、旧涂层及打磨腻子等，具有噪声小、振动轻、粉尘飞扬少等优点，但重量通常比气动打磨工具大些，且不适于水磨。

图 1-19　电动软轴磨盘式打磨机

图 1-20　电动磨灰机

（2）气动打磨工具。气动打磨工具主要有风磨机（图 1-21）、风动砂轮（图 1-22）、钢丝轮（图 1-23）等，作用与电动打磨工具相同。气动打磨工具具有体积小、质量轻、速度快、磨平质量好、使用安全、可平磨也可水磨等优点。

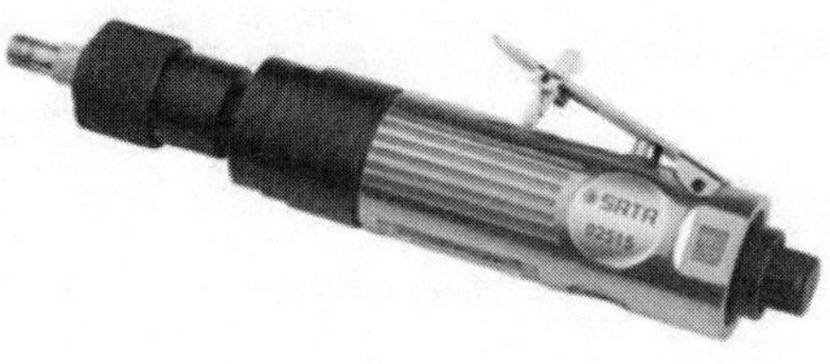

图 1-21　风磨机

图 1-22　风动砂轮

图 1-23　钢丝轮

五、汽车美容常用的刷涂工具

汽车美容常用的刷涂工具主要有漆刷、画笔、毛笔、盛漆容器等。

1. 漆刷

漆刷有很多种类，按形状可分为圆型（图 1-24）、扁型（图 1-25）和歪脖型（图 1-26）三种；按制作材料可分为硬毛刷和软毛刷两类。硬毛刷主要用猪鬃、马鬃制作；软毛刷用狼毫、猫毛、绵羊和山羊毛等制作。按制作尺寸可分为 12mm、19mm、25mm、38mm、50mm、65mm、75mm 等多种。

圆型毛刷可分为大圆毛刷和椭圆毛刷两种。刷毛一般用猪鬃或马鬃制成，直径也分大小不同的尺寸。圆型毛刷适用于刷涂粗糙的部件。

扁型毛刷分为硬毛刷、软毛刷两种。硬毛刷多用猪鬃制成，软毛刷多用羊毛制成，以毛直、毛清为质量好。软毛刷多用于刷涂稀涂料，由于含漆量大、刷痕轻、漆的流展性好，适用于刷品质要求较高的物件。

歪脖型毛刷与扁型毛刷的材料基本相同，主要区别在于歪脖型毛刷可以用于狭小空间的清洁。

图 1-24　圆型

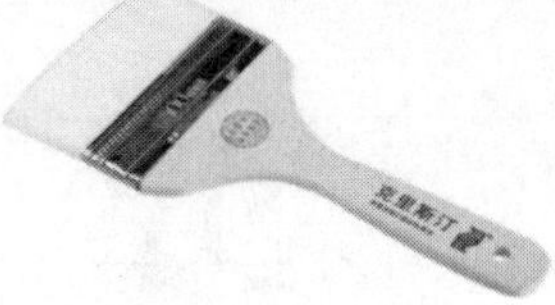

图 1-25　扁型

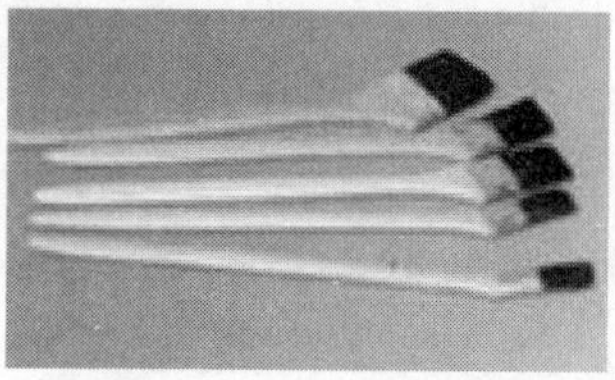

图 1-26　歪脖型

2. 毛笔和画笔

毛笔（图 1-27）和画笔（图 1-28）在涂装作业中用来描字、画线，涂刷不易涂到的部位和局部补漆用。常用画笔主要为长杆画笔，毛笔的材质以狼毫为好。

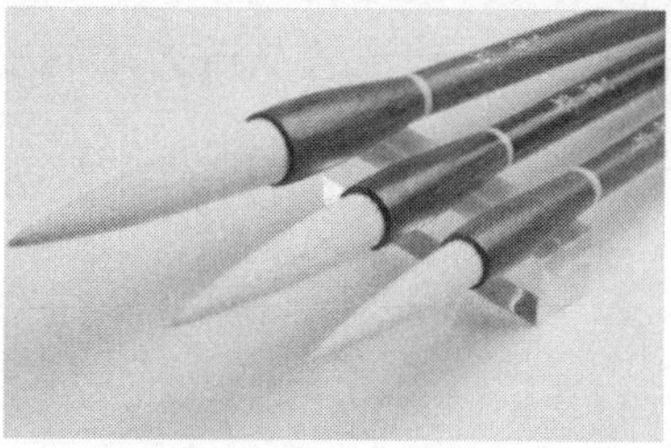

图 1-27　毛笔

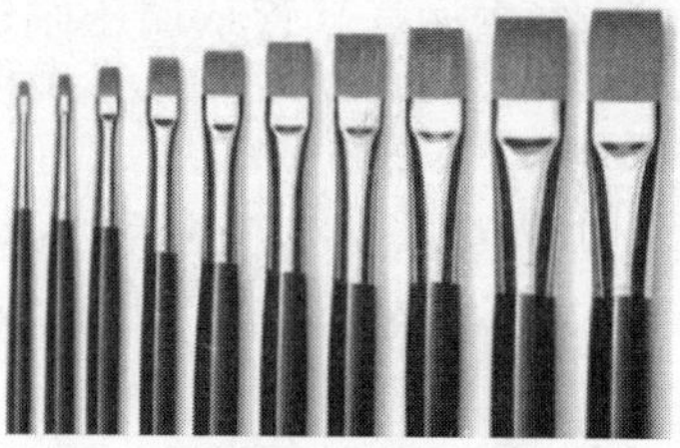

图 1-28　画笔

六、汽车美容常用的喷涂工具

汽车美容常用的喷涂工具主要指喷枪。它利用压缩空气的压力，将油漆变成雾状喷涂在车身表面。常见的喷枪主要有以下几种。

1. 虹吸式喷枪

虹吸式喷枪（图 1-29）是汽车修补涂装作业中应用最广泛的一种喷枪。涂料杯位于喷枪喷嘴的后下方，喷涂时利用气流作用，将涂料吸引上流，并在喷嘴处由压力差而形成漆雾。它的工作过程：涂料放在漆杯里，漆杯连到喷枪上，扳机扳动一半时空气阀先打开，压缩空气流过喷枪，从气帽上的孔中喷出，在喷漆出口处形成真空，送入进漆口，从喷漆嘴喷出。空气从气孔中进入漆杯，填充在被吸出去的涂料的位置上。

虹吸式喷枪的特点是喷涂时稳定性好，操作方便，便于调换涂料，适合各种方位的喷涂。

但随着喷涂时间的延长，油漆的黏度会发生变化，喷涂流量会稍有改变。

2. 重力式喷枪

重力式喷枪（图 1-30）的涂料杯在喷枪嘴上面，利用涂料的重量及枪嘴尖端部由气流产生的压力差，把涂料喷涂于物体表面。重力式喷枪的操作方法与虹吸式相同。

图 1-29　虹吸式喷枪

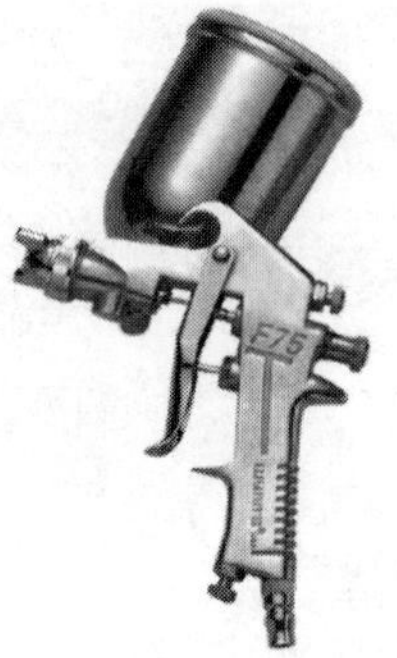

图 1-30　重力式喷枪

重力式喷枪的特点是涂料黏度变化对喷出量影响不大，杯的位置可自由操作，作业容易，漆料杯体积小，油漆自上往下流，很适合于漆量少的小修小补，但喷涂的稳定性差，不适用于俯、仰方向的喷涂。

3. 压差式喷枪

压差式喷枪（图 1-31）的喷嘴与气帽正面对齐，不形成真空。涂料被压向空气帽，压力由一个独立的压力罐提供。系统的连接方法：将输气软管从压力罐上的气压调节装置出口接到喷枪进气口上，主输气软管从调压阀连至压力罐的调压阀入口，输漆管从压力罐的出漆口连至喷枪进气口。

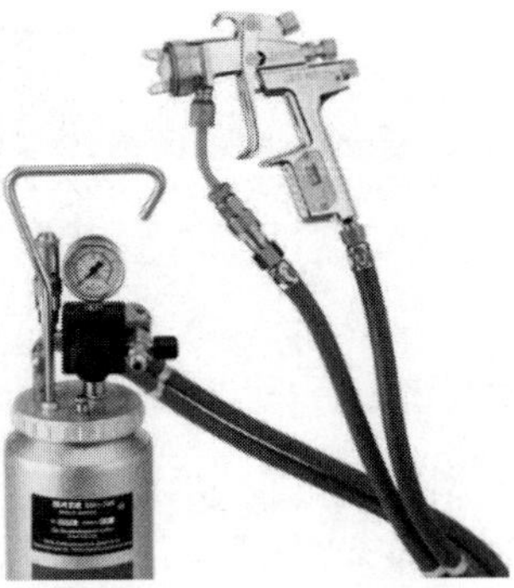

图 1-31　压差式喷枪

压差式喷枪的特点是使用涂料容量大，适用于连续涂装，涂料喷出量的范围可进行调节，操作简易，但不适于喷涂小表面，且更换涂料和清洗喷枪需要耗费一定的时间。

七、汽车美容常用的防涂遮蔽工具

1. 门缝密封胶条

门缝密封胶条（图 1-32）用于遮蔽车门、发动机盖内两侧、后行李箱、油箱等处。门缝密封胶条可防止喷漆时喷入车内，可将粉屑和污染物阻隔，使喷漆工作时产生的瑕疵减少。其常见的尺寸有 12mm×50mm 和 19mm×25mm 两种。

图 1-32 门缝密封胶条

2. 窗缝遮蔽胶带

窗缝遮蔽胶带安置于风窗玻璃的上面及两侧橡皮条内侧，作为窗缘遮蔽胶带使用。它黏着度良好、无残胶、耐烘烤，尺寸为 50mm×10mm。

3. 感压式喷漆遮蔽胶带

感压式喷漆遮蔽胶带用于汽车钣金喷漆时固定遮蔽物用。此胶带特别适用于烤房烘烤或在自然干燥中使用。其特点：在烘烤温度达 90℃时，可干净迅速地撕下；高科技涂布技术，不留残胶；伏贴性佳，不会翘起；黏性佳，不受寒冷天气影响；特殊感应性胶，轻轻一压黏度超强，使用方便。

4. 遮蔽胶带

遮蔽胶带（图 1-33）主要用于车身漆面的线条喷涂。其 PP 材质具有高黏贴性，且边角黏贴性佳，撕起后的线条平直，边缘细致，用于漆面线条构成的喷修、涂修遮蔽用，能耐溶剂，可自由发挥。该胶带使用后能获得漂亮的线条，容易撕掉，不留残胶，不需做任何后续处理。

图 1-33 遮蔽胶带

5. 外装贴着双面胶带

外装贴着双面胶带专用于车体两旁的各式浪板、护体饰条、铭牌的固定，具有超强黏着力、耐冷热、耐溶剂、抗可塑剂、抗拉应力等优良特性。

6. 车身护条铭牌固定胶带

车身护条铭牌固定胶带用来粘合铭牌标志及装饰物。该胶带具有耐冷热、耐溶剂、耐可塑剂等优越性，粘合后不会剥落。

八、汽车美容常用的设备

专业汽车美容均采用先进的工具与设备，以提高作业的速度和质量，确保汽车美容的效果。目前常用的汽车美容设备：空气压缩机（图 1-34）、高压清洗机（图 1-35）、吸尘器（图 1-36）、研磨机（图 1-37）、抛光机和打蜡机（图 1-38）、干燥设备和喷漆烤漆房（图 1-39）、举升机、发动机免拆清洗机等。

图 1-34　空气压缩机

图 1-35　高压清洗机

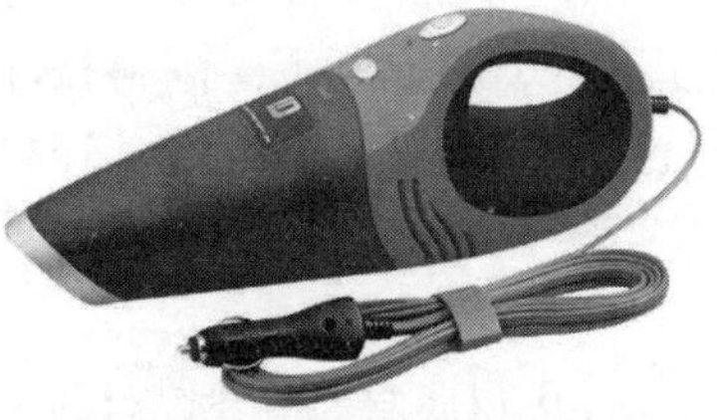

图 1-36　吸尘器

图 1-37　研磨机

图 1-38　抛光机和打蜡机

图 1-39　干燥设备和喷漆烤漆房

1. 多功能汽车清洗设备

多功能清洗设备采用自动控制，对汽车整车外表面进行清洗。可清洗货车、挂车、油罐车、公共汽车、中型车辆、小型货车、小客车和轿车等各类车辆。

（1）基本结构。该设备由汽车自动输送线、滚刷及辅助刷子、滚子百叶窗板、喷水清洗系统、排水系统及控制装置等组成。该设备的清洗宽度（工作幅度）为 1.2m 和 1.8m，清洗长度可按车身长度无限延长。清洗高度为 3.5m、4m 和 4.5m 三种。这种清洗自动线具有快速、安全、清洗质量好和节水、节电、节省人力等诸多优点。

（2）清洗过程。清洗时，汽车开上自动输送线，输送线将汽车送入清洗通道。操作人员根据车型、污垢分布及用户对清洗的要求，通过控制装置高速清洗系统的清洗方式、水流速度、压力方向、水流形状等对汽车进行清洗。清洗后还可根据需要对汽车作以下附加处理：局部重点清洗（车身侧面、车窗、底盘等局部清洗处理）、车身清洁处理、上柔软剂、打蜡上光等。

2. 内室蒸汽清洗机

（1）功能。内室蒸汽清洗机（图 1-40）用于清除汽车驾驶室及车厢内的各种污渍，可对丝绒、化纤、塑料、皮革等不同材料进行清洗，还可以去除车身外部塑料件表面的蜡迹。不仅具有较强的去污功能，还具有杀菌消毒的作用，特别是对带有异味的污垢有很强的清洗作用，能使皮革恢复弹性，丝绒化纤还原至原有光泽，是汽车内室美容的首选设备。

图 1-40 内室蒸汽清洗机

（2）操作方法。内室蒸汽清洗机的操作方法：清洗前，首先将续水口打开，注满清水，盖好盖后开机预热 10 分钟左右，待使用指示灯显示后便可以操作。因蒸汽温度很高，可达 130℃，所以操作时应根据不同材料的部件选择不同的温度，以免损伤部件，并用半湿毛巾包裹适合内饰结构的蒸汽喷头使用。一般情况下，车内物品在 80℃左右就已经够用，无需太高的温度。有些制品，如塑料、皮革耐热性较差，在使用清洗机清洗时，温度应适当调低。

3. 吸尘器

吸尘器（图 1-41）是一种能将尘埃、脏物及碎屑吸集起来的电器设备。它是进行汽车内室日常清洗的主要设备。内室虽然空间小，但结构复杂，不便于清洁。采用吸尘器可方便地将内壁、地毯、座椅及缝隙中的浮尘和脏物吸除干净，且不会使尘土飞扬。

图 1-41 吸尘器

（1）吸尘器的种类。常见的吸尘器主要有便携型、家用型和专业型三种。

便携型吸尘器是供车主随车携带的。它使用汽车上的电源（利用点烟器插座），体积小，携带方便，但不适合专业护理店使用。

家用型吸尘器虽然吸力不小，但防水性差，如果将吸尘器置于操作间，难免在洗车时将水溅入吸尘器、容易出现内部短路现象，甚至烧毁吸尘器。

专业型吸尘器的吸尘效果最好，使用较多，且有较好的防水性，而且集吸尘、吸水、风干于一体，配有适于汽车内室结构的专用吸嘴，操作简单，吸力大，并可与内室蒸汽机配套使用。

（2）吸尘器的工作原理。吸尘器是利用电动机的高速转动，带动风叶旋转，使吸尘器内部产生局部真空，形成空气吸力，将灰尘、脏物吸入，并经过吸尘器内部的过滤装置，将过滤后的清洁空气排出去，以达到吸尘的目的。

吸尘器的刷座里有一个电机，它通过皮带带动转刷旋转，把尘埃脏物搅打起来，称为起尘。吸尘桶里有高速风扇进行强力抽吸，通过软导管和硬导管使刷座对外界形成高负压。于是，起尘的尘埃和脏物便被吸进刷座，并经导管吸到滤尘器中，由尘埃器里集尘袋收集。而空气被风扇叶片从集尘袋抽出，经过电机重新进入内室空间，在经过电机时，还吹散部分电机产生的热量。

（3）吸尘器的选购及使用。

1）选购。选购吸尘器时应注意以下几点：

- 吸尘器性能要稳定，噪声越小越好。
- 吸尘器必须有可靠的接地线，以防漏电伤人。
- 各种附件要齐全。

2）使用方法。使用前，应将使用说明书仔细看一遍，然后对照说明书检查一下各种附件是否齐全，再按说明书中讲述的步骤和方法将吸尘器各部分安装好。启动前先核对一下电源的电压和频率，确认相符后，即可接通电源试用。试用中不应有异常的声音，使用 10 分钟左右，若电机没有过热现象，方可投入正常使用。

每次用完以后，先断开电源，然后将集尘袋中的灰尘清除干净，最后将各零部件拆开并清理干净收好。

使用中应注意以下事项：

- 每次使用前，先将集尘袋清理干净。
- 有灰尘指示器的吸尘器，不能在满刻度工作，若发现指示器接近满刻度，要停机清灰。
- 不要用吸尘器吸金属碎屑，以防电机损坏。
- 吸尘器在清理尘埃时，不要将手放在吸入口附近，以免发生危险。
- 吸尘器电线的绝缘保护层要保护好，以免发生触电事故。

（4）吸尘器的维护。

1）使用后，应将吸尘器及其附件用湿布擦拭干净，然后晾干收好。

2）清灰后的集尘袋可用湿水洗涤干净晒干。

3）吸尘器的刷子上粘附的毛发、线头要及时清除干净，刷子磨损偏大要及时更换新品。

4）紧固件如有松动，要立即紧固好。

5）电机和电刷如有故障，要及时维修。

4. 研磨/抛光机

研磨/抛光机（图 1-42）是一种集研磨和抛光为一体的设备，安装研磨盘时可进行研磨作业，安装抛光盘可进行抛光作业。研磨/抛光机是通过旋转研磨盘或抛光盘来平滑并抛光漆面，以除去微小的漆面缺陷，提高光亮度。为方便起见，下面将研磨/抛光机简称为研磨机。

（1）研磨机种类。研磨机按功能可分为双功能型和单功能型两种。双功能型研磨机既能安上砂盘打磨金属材料，又能换上不同的研磨/抛光盘做车漆护理，此种研磨机具有工作平稳、转速可调、不易损坏等特点，是专业人员的首选机型；单功能型研磨机又称简易型研磨机，此种机型是一种钻头机，具有体积小，转速不可调、使用时很难掌握平衡、作业质量差等特点，建议专业人员不要使用这种研磨机。

图 1-42 研磨/抛光机

研磨机按转速是否可调分为调速研磨机和定速研磨机两种。调速研磨机有高、中、低三种转速：1200r/min 以下为低速，1600r/min 左右为中速，2000r/min 以上为高速。市场上常见的中高速研磨机，简称高速研磨机，转速范围为 1750～3000r/min；还有一种中低速研磨机，简称中速研磨机，转速范围在 1200～1600r/min；定速研磨机也称单速研磨机，一般指转速为 1200r/min 左右的低速研磨机。

（2）研磨盘、抛光盘的种类。

1）聚酯海绵切盘。聚酯海绵切盘采用特殊的海绵材料和压力热能散布的原理，可大大减少在高速研磨、抛光时漆面所承受的热量，从而避免脱漆、裂漆等现象发生，是目前欧美新兴的“散热盘”，专家认为其是 21 世纪主导专业美容行业的新设计。

2）散热式凹形平切吸盘（散热凹盘）。特选聚酯制成的海绵材料，柔软、韧性好，盘正面有散热孔，背面以吸盘形式粘贴在机器吸盘上。凹形设计可防止吸盘较硬的聚酯碰撞车漆表面，适用于透明漆。

3）散热式月牙平切吸盘（散热月牙盘）是散热盘中最经济实惠的一种。散热切盘代表了 21 世纪的高科技，同时保留了传统的设计风格——月牙形的保护边和 25.4mm 厚的材料。因为价格上的优势，这种盘很适合于每天作业量不大的专业人员使用。

4）直切聚酯螺母托盘（螺母托盘）。它使用特殊聚酯制成的海绵材料，密度、硬度、韧性和耐磨性都是一流的，具有直径小，效率高，压力、热力集中等特点，适合小面积的重点切割。切盘自身配有 15.88mm×25.4mm 螺母接头的托盘，可直接拧在带有公接头的机器上。

5）直切聚酯钻盘（海绵钻盘）。该钻盘的各类指标与螺母托盘相同，配有6.35mm（0.25in）螺纹接头的托盘，可用于6.35mm（0.25in）、9.35mm（0.375in）或12.7mm（0.5in）钻头的机身，适合业余爱好者使用。

6）散热式直切型螺母盘（散热螺母盘）。该散热盘使用特殊聚酯制成的海绵材料，柔软、韧性好、直径小，切割速度较快，正面切有散热孔，背面托盘还有15.88～279.4mm（0.625～11in）的螺母接头，可直接与大多带有公接头的机器相接，适用于透明漆。

7）平切聚酯月牙吸盘（月牙盘）。月牙盘使用特殊聚酯制成的海绵材料，密度、硬度、韧性和耐磨度都属一流，直径长，操作稳，适用于初学者，也适用于经验丰富的技师。

8）羊毛切盘。它使用上等材料，100%羊毛，质地柔软，密度大，吸收力强，摩擦效率高，直径为190.5～203.2mm（7.5～8in），厚度为31.75～38.1mm（1.25～1.5in），吸盘式背面。

9）各种抛光盘套。这些盘套适用于专业技师使用的直径为254mm（10in）的打蜡机。

（3）研磨盘、抛光盘的选用。

1）按盘的接头选用。

- 螺母盘：用于公接头的研磨机。
- 螺丝盘：用于带有吸盘的研磨机。
- 吸盘：用于带有吸盘的研磨机。

2）按盘的颜色选用（海绵盘）。

- 黄色盘：一般是研磨盘，用于去除氧化，划痕。
- 白色盘：一般是抛光盘，用于去除发丝划痕，抛光。
- 黑色盘：一般是还原盘，适合透明漆的抛光和通用型的还原。

3）按盘的形状选用（海绵盘）。

- 直切型：152.4mm（直径）×50.8mm（厚度），速度快，热能大，灵活。
- 平切型：203.2mm（直径）×（25.4～50.8mm）（厚度），面积大，散热好，比较稳。
- 波纹型：203.0mm（直径）×（25.4～38.1mm）（厚度），药液不易飞溅。

4）按盘的材料选用。

- 纯羊毛：传统切割材料，研磨功效大，用于透明漆时要小心，可用于普通漆的研磨抛光。
- 混纺：类似羊毛，但柔软得多，建议用于普通漆和透明漆的抛光。
- 海绵：新材料，可用于普通漆和透明漆的研磨、抛光。

（4）研磨盘、抛光盘的安装方法。

1）吸盘式安装法。首先将一个硬质（硬塑料聚酯）底盘（也可是托盘）用螺丝固定在研磨机的机头上，托盘的另一面可粘住带有尼龙易粘平面的物体，这时可根据需要选择各种吸盘式的研磨盘和抛光盘，只要把研磨吸盘或抛光盘贴在托盘上即可，使用极为方便。

2）固式安装法。研磨机头不带托盘，只有一个公/母接头。安装时需要把研磨紧固盘或抛光紧固盘拧上去，安装方法不是很复杂。

（5）研磨机的安全操作方法。

1）研磨机开机或关机时绝不能接触工作表面。

2）工作时，右手紧握直把，左手紧握横把，由左手向作业面垂直用力，转盘与作业面保持基本平行。

3）在研磨机完全停下之前，不要放下研磨机。

4）不要对太靠近边框、保险杠和其他可能咬住转盘外沿的部位进行作业。

5）应时刻注意研磨机的电线，防止将电线卷入机器。

6）抛光时应注意不要让灰尘飞到脸上，而应使其落向地板。

5. 打蜡机

打蜡机是把车蜡打在漆面上，并将其抛出光泽的设备。打蜡机以椭圆形旋转，类似卫星绕地球的旋转轨道，故称轨道打蜡机。转盘直径有203.2mm（8in）、254mm（10in）、304.8mm（12in）三种。

（1）种类。轨道打蜡机型号很多，样式不一，大致可分为普通轨道打蜡机和离心式轨道打蜡机。普通轨道打蜡机由于转盘较小、使用材料较差、扶把位置不容易平衡等特点，一般在非专业汽车美容场所使用；离心式轨道打蜡机的动作是靠离心式的、无规律的轨道旋转来完成的，这种旋转方式模拟人手工操作，但比手工操作要快得多、省事得多，是专业汽车美容人员喜欢使用的机型。

（2）配套材料。轨道式打蜡机的配套材料主要指打蜡盘的各种盘套。打蜡机使用固定的打蜡盘，但盘套有下列选择：

1）打蜡盘套。打蜡盘套的用途是把蜡涂在车体上。其结构：外层是毛巾套，底层是皮革，皮革起防渗作用。

2）抛光盘套。抛光盘套的用途是将蜡抛出光泽。其材料有三种：一是全棉制品；二是全毛或混纺制品；三是海绵制品。

目前使用最广泛的是全棉盘套，该盘套选择针织密集而且线绒较高的材料，很柔和。越柔和的盘套就越能减少发丝划痕，越能把蜡的光泽和深度抛出来。全棉盘套不宜反复使用，很多专业人员一辆车要换一个新的。即使不换新的，旧的也一定要洗干净，清洗时要使用柔和剂，否则晒干后盘发硬，最好是用防静电方式烘干。表1-1所列为几种盘套的类型说明。

表1-1 盘套的类型

名称	产品号	直径（in）	颜色	说明
盘套	P47-357	254	黄色	打蜡盘套
	P47-377	254	黄色	研磨盘套
	P47-380	254	白色	抛光盘套

（3）使用方法。

1）上蜡。使用打蜡盘套上蜡时，将液体蜡转一圈倒在打蜡盘上，每次按0.5m^2的面积涂匀，直至打完全车；不使用打蜡盘套上蜡时，可用海绵或毛巾蘸蜡少许，每次按0.5m^2的面积涂匀，至全车打完。

2）凝固。上完蜡后，等待几分钟时间，待车蜡凝固。

3）安装检查盘套。将抛光盘套装上，确认绒线中无杂质。

4）抛光。打开打蜡机，将直径放在车体上横向（或纵向）进行覆盖式抛光，直至光泽令人满意。

任务三　汽车美容护理用品

任务描述

汽车的外表涂层及内饰件由不同的材料组成。不同的材料要采用不同的清洁方法和使用不同的美容护理用品，才能达到最佳的美容护理效果，否则会引起材料与护理品相互之间不良的化学反应，不但达不到美容护理效果，反而会造成材料表面的损坏。美容护理用品种类繁多，如图 1-43 所示。

图 1-43　汽车美容护理用品

汽车美容护理作业使用的护理品的材料种类繁多。根据美容护理用品的作用及功效将其分为汽车清洗系列用品、汽车护理系列用品和汽车专业保护系列用品三大类。

相关知识

一、汽车清洗系列用品

1. 清洗剂在洗车中的作用

（1）实现快速高效清洗。清洗剂去污能力强，可大大提高清洗速度，并可将清洗与护理合二为一，减少美容工序，提高工作效率。

（2）确保清洗质量。用清洗剂不仅可以彻底地清除各种污渍，而且还不损伤漆面，对车身表面具有很好的保护作用。

（3）节省清洗费用。用清洗剂清洗油垢，可减少溶剂油消耗，1kg 清洗剂大约可代替 30kg 溶剂油，降低清洗费用 90%左右。

（4）有利于保护环境。采用环保型清洗剂清洗汽车，可减少对环境的污染。因此，应尽量使用清洗剂清洗汽车，以确保汽车的清洗质量。

2. 清洗剂的除垢原理与种类

（1）汽车污垢的种类。

1）水溶性污垢（用水冲掉）。水溶性污垢主要包括泥土、沙粒、灰尘等。

2）非水溶性污垢（用清洗剂清洗）。非水溶性污垢主要包括炭烟、矿物油、油脂、胶质物、铁锈、废气凝结物等。

（2）清洗剂的除垢原理。清洗剂除垢包括湿润、吸附、增溶、悬浮和去污五个过程。

1）湿润。当清洗剂与汽车表面的污点接触后，被清洗物的表面很容易被清洗剂润湿，而且清洗剂能够深入到污垢聚集的细小空隙里，使污垢与被清洗表面的结合力减弱、松动。

2）吸附。清洗剂具有对污垢质点的静电吸附能力，并可以防止污垢再沉积。

3）增溶。使污垢溶解在清洗剂溶液中。

4）悬浮。清洗剂中含有表面活性物质，在清洗过程中，清洗剂能使固体污垢形成悬浮液，使液体污垢形成浊浮液，便于将其从附着表面清洗掉。

5）去污。最后通过高压射击冲流将污垢冲掉。

（3）清洗剂的种类。

1）脱蜡清洗剂。当新车需要开蜡或旧车需要重新上蜡时应使用脱蜡清洗剂对汽车进行清洗。此类清洗剂含柔和性溶剂，具有较强的溶解能力，不仅可以去除车身上的油垢，而且还能把以前的蜡洗掉。车身表面的蜡有两种，一种是油脂蜡，另一种是树脂蜡。两种蜡的性质不同，脱蜡时要选择不同的脱蜡清洗剂。

- 油脂开蜡水。最好的油脂开蜡水是生物降解型的，它对环境无污染，主要原料是从橙皮中提取的，不用稀释，可直接使用。
- 树脂开蜡水。树脂开蜡水含有一种树脂聚合物的溶解元素，所以它能溶解树脂蜡。该产品需要稀释使用，因为其中的表面活性剂在加热的情况下效果最佳，所以最好用热水进行稀释。此产品无腐蚀性，较安全。

2）不脱蜡清洗剂。有些汽车进行不脱蜡清洗时应选用不脱蜡清洗剂，该清洗剂是近年来在国内外推广使用的水系清洗剂。其配方基本不含碱性盐类，pH 值为 7.0，呈中性，主要成分是类型不一的表面活性剂，其中非离子活性剂使用得比较多，是车身日常清洁的首选洗车液。该清洗剂具有很强的分解能力，能够有效去除车身漆面的油污和尘垢等污物，具有性质温和、不破坏蜡膜、不腐蚀漆面、液体浓缩、泡沫丰富、挥发慢和使用方便且经济等特点。不脱蜡清洗剂的名称有汽车香波、清洁香波，有的直接称之洗车液。

3）专用清洗剂。当车身有沥青、焦油、鸟粪等污物时，用专用清洗剂方可清除。清洗时，应根据污物的种类选用合适的专用清洗剂。

- 焦油沥青去除剂。该清洗剂具有很强的浮化分解能力，通过软化功能可去除附着在车体和镀铬表面的焦油、沥青等污物，具有品质温和，对漆面、塑胶无腐蚀等特点。
- 树胶清洗剂。该清洗剂以其特有的软化功能，使树胶、鸟粪与漆面脱离，最大限度地防止对车漆的伤害。

4）计算机洗车机用香波。

- 计算机洗车机用高泡香波。计算机洗车机用高泡香波呈中性，是一种超浓缩高泡沫型清洗剂，具有强力清洗功能，丰富的泡沫起到较好的润滑作用，可以有效地延长设备的使用寿命。
- 计算机洗车机用上蜡香波。计算机洗车最后工序使用该香波，它不仅可以加快汽车表面的除水干燥过程，而且清洗之后无任何斑点，在汽车漆面上留下一层光亮的蜡膜。

5）二合一清洗剂。该清洗剂集清洁与护理为一身，既有清洁功能，又有上蜡功效，可以满足快速清洗兼打蜡的要求。此产品主要由多种表面活性剂配制而成，上蜡成分是一种具有独特配方的水蜡，它可以在清洗过程中，在漆面上形成一层蜡膜，增加车身的鲜艳程度，有效保护车漆。二合一清洗剂适用于车身比较干净的汽车，洗车后直接用干毛巾擦干，再用仿鹿皮毛巾或韩国布轻轻抛光。

6）环保型清洗剂。此类清洗剂主要成分为天然原料，对环境无污染，并具有特殊的清洗效果。

（4）汽车内室清洗剂。根据汽车内室部件材料不同，汽车内室清洗剂主要有以下几种：

1）化纤清洗剂。此类产品在多功能清洗剂的基础上特别增加了清洗内室化纤制品的功能，对车用地毯、沙发套等化纤制品上的油污和停留时间不太长的果汁、血迹等有良好的清洗效果，而且不会伤害化纤制品。

2）真皮清洁增光剂。此类产品主要用于皮革制品的清洁与护理，清除油污的同时能在皮革制品的表面形成一层保护膜，起到抗老化、防水、防静电的作用，可以延长皮革制品的使用寿命。

3）丝绒清洁保护剂。此类产品主要对毛绒、丝绒、棉绒等织物进行清洁和保护，具有泡沫丰富、去污力强，洗后留有硅酮保护膜，恢复绒织物原状，防止脏物侵入的特点。

4）多功能内室光亮剂。此类清洁剂不仅可对化纤、皮革、塑料等不同材料的内室物品进行清洗，还可起到上光、保护、杀菌等作用。其使用很方便，只要一喷一抹，物品即可光洁如新，增加光泽，并有防止内室物品老化、龟裂及退色的功效。

5）塑料清洁上光剂。此类产品主要用于塑料及橡胶制品的清洁与护理，清除油污的同时能在橡胶制品的表面上形成一层保护层，具有翻新效果。

（5）发动机清洗剂。

1）燃油喷射系统清洗剂。该清洗剂大多直接加注到油箱内溶解到汽油中，随着汽油的流动清除供油系统及燃油喷射装置的焦油等沉积物，并通过燃烧分解作用清除燃烧室内的积炭，从而改善发动机的性能。

向油箱中添加燃油喷射系统清洁剂之前，必须确认油箱清洁无沉积物，否则，部分清洁剂会首先分解油箱长期积累的焦油、泥污等沉积物，导致油箱中的汽油混浊而堵塞油泵滤网和油路管道。

2）发动机外部清洗剂。发动机外部油污较重时，需用油脂清洗剂清洗。此类清洗剂被称为去油剂，一般呈碱性，含有缓蚀剂成分，能快速腐化、分解、去除油污，对机体没有腐蚀作用，且水溶性好，可以完全生物溶解，易用水冲洗，无残留物。它具有极强的去油能力，主要用于发动机外部的清洗。市场上的去油剂大致有三类：

- 水质去油剂。该产品具有安全、无害、成本适中的优点，但去油功能有限。

- 石化溶剂型去油剂。该产品具有去油能力强、成本低等优点，但易燃、有害。
- 天然溶剂型去油剂。该产品去油能力强，且无害，但成本高，一般不采用。

3）散热器清洗剂。该产品可以有效去除冷却系统中的油脂、胶质层以及散热器、缸套和管道中的水垢与锈蚀，恢复系统的冷却功能，解决因水垢过多引起的发动机过热和散热器开锅等问题。散热器清洗剂有酸性和碱性两种。这两种清洗剂对散热器、软管、密封垫和铝制缸体都没有腐蚀作用，清洗后系统不需要中和，适用于所有的水冷却系统，并且与所有种类的防冻冷却液兼容。

4）发动机润滑系统清洗剂。该产品在发动机不解体的情况下，通过专业设备和直接添加的方式来清洁润滑油路系统，改善润滑油的抗氧化性能，减小活塞环与气缸壁的摩擦，有效降低发动机噪声和油耗，提高发动机的动力性和经济性，延长发动机的使用寿命。

二、汽车护理系列用品

汽车护理就是使用汽车护理用品并通过研磨、抛光、打蜡等作业把出现变色、老化、微浅划痕的漆面采取相应的补救措施，并预防上述变异现象的再次发生。汽车护理系列用品主要包括汽车蜡、研磨剂、抛光剂和还原剂等。

1. 汽车蜡

（1）汽车蜡的作用。汽车蜡含有油脂和其他添加成分，将其涂覆在汽车表面上具有以下的作用：

1）防水。汽车经常暴露在空气中，免不了受风吹雨淋，存留在车身表面的水滴在天气转晴后的强烈阳光照射下，每个小水滴就是一个凸透镜，在它的聚焦作用下，焦点处温度可达800～1000℃，造成漆面暗斑，极大影响了漆面的质量及使用寿命。另外，水滴易使暴露的金属表面产生锈蚀。

高档车蜡可使水滴附着减少 90%以上，这样可以大大降低车身遭受侵蚀的可能性，最大限度地保护漆面。

2）抗高温。车蜡的抗高温作用原理是对来自不同方向的入射光产生有效反射，防止入射光使面漆或底漆老化变色。

3）防静电。汽车静电的产生主要有两个来源：一是纤维织物，如地毯、座椅、衣物等的相互摩擦；另一方面是由于汽车在行驶过程中，空气中的尘埃与车身金属表面相互摩擦。无论是哪种原因产生的静电，都会给乘车人员带来诸多不便，甚至造成伤害。车蜡防静电作用主要体现在车表静电防止上，其作用原理是隔断尘埃与车表金属磨擦。由于涂覆蜡层的厚度及车蜡本身附着能力不同，它的防静电作用有一定的差别，一般防静电车蜡在阻断尘埃与漆面磨擦的能力方面优于普通车蜡。

4）防紫外线。其实，车蜡防紫外线作用与它的抗高温作用是并行的，只不过在日光中，由于紫外线的特性决定了紫外光较易于折射进入漆面，防紫外线车蜡充分考虑了紫外线的特性，使其对车表的侵害得到最大限度的降低。

5）研磨抛光。当漆面出现浅划痕时，可使用研磨抛光车蜡。如果划痕不是很严重，抛光和打蜡工作可一次完成。

6）上光。上光是车蜡的最基本作用，经过打蜡的车辆，都能改善其表面的光亮程度，使车身恢复亮丽本色。

（2）汽车蜡的种类。汽车蜡的主要成分是聚乙烯乳液或硅酮类高分子化合物。但由于车蜡中富含的添加成分不同，使其物质形态性能上有所区别，进而划分为不同的种类。

1）按物理状态不同分类。汽车蜡按其物理状态的不同可分为固体蜡和液体蜡两种。在日常作业中，液体蜡应用相对较广泛，如龟牌蜡、即时抛等。

2）按生产国别不同分类。汽车蜡按其不同生产国，可大体分为国产蜡和进口蜡。目前国内汽车美容行业中使用的车蜡，中高档车蜡绝大部分为进口蜡，有进口蜡垄断之势，低档蜡中国产蜡占有较大的份额。常见进口汽车蜡多来自美国、英国、日本、荷兰等，例如美国龟博士系列车蜡、英国特使系列车蜡、美国的普乐系列车蜡等。国产汽车蜡最常用的如即时抛等。

3）按其作用不同分类。汽车蜡按其作用不同，可分为防水蜡、防高温蜡、防静电蜡及防紫外线蜡等。

4）按其功能不同分类。汽车蜡按其主要功能分为上光蜡和抛光研磨蜡两种。国产上光蜡的主要添加成分为蜂蜡、松节油等，其外观多为白色和乳白色，主要用于喷漆作业中表面上光。国产抛光研磨蜡主要添加成分为地蜡、硅藻土、氧化铝、矿物油及乳化剂等，颜色有浅灰色、灰色、乳黄色及黄褐色等多种，主要用于浅划痕处理及漆膜的磨平作业，进行清除浅划痕、橘纹，填平细小针孔等。

2. 汽车研磨、抛光及还原用品

研磨、抛光及还原用品主要有研磨剂、抛光剂和还原剂三大类。它们都含有某种摩擦材料，但是摩擦材料的颗粒大小不同，其在护理作业中的作用就不同。颗粒大的用于粗磨，颗粒小的用于细磨，颗粒微小的用于精磨，以满足不同护理作业的需要。

（1）研磨剂的分类及特点。

1）按切割方式划分。研磨剂根据切割方式可以分为物理切割方式的研磨剂、化学切割方式的研磨剂和多种切割方式的研磨剂。物理切割方式的研磨剂有浮土型和陶土型两种；化学切割方式的研磨剂有微晶体型；多种切割方式的研磨剂主要是中性研磨剂。

- 浮土型和陶土型研磨剂的特点。材料坚硬、切割速度快。它们利用研磨颗粒和漆层摩擦产生高热，去除表面瑕疵。操作过程中颗粒体积不会因切割的速度或力度的变化而变化。如果操作人员对漆膜的厚度不了解或技术不熟练，很容易磨透漆层，所以该研磨剂只适用于对操作十分熟练的专业人员使用。
- 微晶体型研磨剂的特点。它可以通过摩擦产生的热量逐步化解微晶体颗粒，使其体积在操作过程中逐渐变小，产生极热高温而去除氧化层，同时溶解表面漆层凸出部分，填平凹处的针眼。
- 中性研磨剂的特点。中性研磨剂是目前市场上最佳的漆面护理研磨材料，内含陶土及微晶体两种切割材料，适合于各类汽车漆面，而且便于操作，速度快，研磨力度小，既有物理切割作用又有化学溶解填补功能。研磨时利用两种材料与漆层摩擦产生的热量去除氧化层，同时可以迅速溶解漆层凸点、填补凹处，从而起到双重功效。

2）按使用范围不同划分。

- 普通型研磨剂。它是透明漆出现前所产生的研磨剂。一般研磨剂中都含有坚固的浮岩颗粒，根据颗粒的大小不同分为深切、中切和微切三种，主要用于处理普通漆不同程度的氧化、划痕、退色等漆膜缺陷。浮岩颗粒的主要特点是坚硬，研磨的速度快。但是它一般不会在研磨过程中产生质的变化，所以用在透明漆时很容易把透明漆层打掉，因此不适用于透明漆的研磨。

- 通用型研磨剂。它用于普通漆和透明漆。该研磨剂中的摩擦材料近年有了很大的革新，微晶体物、合成材料或陶土替代了浮岩颗粒。它们的切割功能依旧存在，但不像浮岩颗粒那样坚硬，在一定的热能下，新型的摩擦材料可与漆膜发生化学反应，从而达到护理漆面的作用。

（2）抛光剂的分类及使用方法。

1）强力抛光剂。

- 特性：抛光剂是比研磨剂含颗粒更细的一种新型研磨材料，能去除漆面较厚的氧化层、划痕及喷漆时出现的麻点、垂流等。不含硅和蜡，可安全用于喷涂车间和美容店。
- 使用方法：均匀涂沫于汽车漆面（利用抛光机）。
- 注意事项：用前先小试为好，配合抛光机使用。

2）漆面还原抛光剂。

- 特性：漆面还原抛光剂比强力抛光剂的研磨颗粒更细一些，能去除漆面中度氧化层和轻度划痕；不含硅和蜡，安全用于喷漆车间，是美容店作汽车漆面翻新的主要用品；其中所含油分在漆面抛光同时渗入漆内补充油漆失去的油分，起到护理增亮作用。
- 使用方法：配合抛光机涂抹于汽车漆面。
- 适用范围：汽车漆面。

3）快速抛光剂。

- 特性：快速抛光剂比中度抛光剂的研磨颗粒更细一些，具有去除轻微氧化层和上蜡护理双重功效；作为抛光的最后一道工序，可用手工来完成，弥补机器抛光不匀、产生光环等现象，有增艳效果，又称增艳剂。
- 使用方法：手工均匀涂抹于汽车漆面。

4）玻璃抛光剂。

- 特性：能去除玻璃表面上粘染的柏油、油脂、昆虫尸体、污渍和发乌的氧化层等难以清洗掉的污垢。
- 适用范围：常用于风窗玻璃、后视镜等部位。

5）多功能抛光剂。

- 特性：多功能抛光剂能去除金属电镀、玻璃等硬质表面发乌的氧化层，使其恢复原有的光泽，并形成一层极光亮的保护膜，也可用在汽车漆面，使用快捷，特别适合新车售前准备。
- 适用范围：各类金属电镀、玻璃等硬质表面及汽车漆面。

（3）还原用品。

1）还原盘的作用。用于抛光后车漆的密封还原，去除抛光产生的微小丝痕。

2）还原盘的使用。配合专业研磨机及还原剂，将盘对称安装于研磨机，中高转速，用后将其清洗、甩干。

三、汽车专业保护系列用品

1. 保护漆

（1）铝（钢）轮毂亮丽保护漆。

特性：以人造树脂为基础的材料。耐磨损、耐腐蚀、耐撞击、防污垢，可提供持久的保护。喷涂后不会黏着灰尘（本品为银色）。

使用方法：拆除轮胎、螺母。擦掉钢圈的铁锈，在距轮毂表面约25cm处进行有规则的喷涂。

适用范围：铝合金制品的表面、轮毂。

注意事项：本品为易燃物，作业时注意防火。

（2）塑胶漆。

特性：喷涂后可保历久如新。

使用方法：使用时用力摇动罐子。要清除表面的污垢对，在距物体表面约20cm处，以交叉方式喷涂。用毕后倒置罐子，放出罐内瓦斯，用丙酮洗喷嘴。

注意事项：本品为易燃物，作业时注意防火。

（3）排气管保护漆。

特性；保护排气管，防止腐蚀；高耐热性（可耐温700℃），高度黏着力，不脱落。

使用方法：使用前摇动罐子，彻底洗净排气管的污垢，在距表面约25cm处，以交叉方式喷涂，2分钟后再重复喷涂一次。

适用范围：汽车排气管。

注意事项：使用完毕，罐子需倒置放出罐内瓦斯，保持喷嘴干净。

（4）发动机漆面保护剂。

特性：特殊透明性保护漆。防止金属表面氧化及产生污垢，保持发动机外观清洁。使用温度范围为20～800℃。

使用方法：先用发动机清洁剂彻底洗净发动机表面，干燥后，在发动机表面均匀地喷涂，约20分钟完全干燥后即可。

适用范围：发动机及其配件的表面。

注意事项：不可使用在以桐油为基础的油漆面上，本品为易燃物，作业时要注意防火。

2. 防锈剂

（1）底盘隔音防锈剂。

特性：它是以橡胶为基本材料的一种防锈剂，用于汽车底盘的隔音和防锈处理，具有防腐蚀、隔音的效果，喷涂在垂直方向的表面而不滴流。

使用方法：喷涂在汽车底盘表面，如果汽车老旧，需先以钢刷除锈。

适用范围：汽车底盘及前后挡泥板。

注意事项：不可喷在汽车变速装置、油箱、转向轴、差动器轴、弹簧通气导管、制动器及任何可转动的部位，本品为易燃物，作业时要注意防火。

（2）透明保护防锈树脂。

特性：保护金属品，使其免于生锈腐蚀，保持原有的外观。

使用方法：使用前摇动罐子，将小塑胶管插入车体的间隙处；喷涂时不断将罐子往复移动；在喷涂过程中，如果不慎溅到漆面，可用汽油擦净；用毕倒置罐子，放出罐内瓦斯，保持喷嘴干净。

适用范围：汽车门槛、前照灯框和车门内部槽沟。

注意事项：在常温下硬化时间需 1 小时，为易燃物，作业时要注意防火。

（3）二硫化钼防锈剂。

特性：除去严重的铁锈及污垢，洗涤并榨出胶质及树脂污垢，在金属表面形成二硫化钼的保护膜，防止辗轧声，达到除锈、防锈和润滑的效果。

使用方法：将本品对准需要除锈和防锈的物体进行喷涂。

适用范围：任何需除锈和防锈的物体，如门铰链和铰环。

注意事项：本品为易燃物，作业时要注意防火。

（4）特级防锈剂。

特性：防止点火线圈漏电，迅速恢复本来的特性；防止形成铁锈，除去强烈湿气；保护表面，使新的污染无法形成。

使用方法：对准需要喷涂的表面进行喷涂。

适用范围：任何需防锈的物体。

注意事项：本品为易燃物，作业时要注意防火。

（5）干性防锈剂。

特性：除去腐蚀，可与生锈部分产生氧化，使其不再生锈（耐高温达 300℃）。

使用方法：先除去生锈、污垢和油漆后再涂抹，涂抹三层效果最好。

适用范围：欲使已生锈的金属物体不再生锈时使用，尤以车身为佳。

注意事项：为易燃物，并含二氯甲烷，避免吸入肺部及触及皮肤和眼睛。

3. 护理剂

（1）皮革塑料上光护理剂。

特性：本品含有能滋润皮革、塑胶的聚合物，可在皮塑表面形成一层保护膜，有翻新、增光和抗老化的功效。

适用范围：可用于皮革座椅、仪表台、车门内侧和保险杠等部位。

（2）真皮保护剂。

特性：使发硬的皮革制品表面变得柔软光滑，延缓皮革老化，提高光亮度，伴有令人愉快的香味。

使用方法：喷洒于皮革表面即可。

适用范围：所有汽车皮革制品。

（3）表盘护理剂。

特性：用于乙烯基表面的翻新装饰用品，能及时光亮和润滑通道孔、电器闭合闸等表面，可形成一层有效的保护膜，其柔和的光泽可长久保持。

适用范围：汽车仪表盘、转向盘等。

（4）轮胎增黑护理剂。

特性：本品含有专门的聚合油脂，集清洁、增黑和抗老化护理于一体，能对轮胎表面提供长久的不受天气影响的光亮，恢复轮胎橡胶的自然光泽。

适用范围：汽车轮胎及保险杠、风窗密封胶条等表面。

（5）轮胎上光护理剂。

特性：本品为轮胎及其他橡胶制品提供防水、防酸碱浸蚀及长久保持光泽效果，使用后轮胎特别亮丽。

适用范围：汽车轮胎及其他橡胶制品。

4. 添加剂

（1）电喷发动机添加剂。

特性：对油箱、喷射系统及燃烧室有清洁效果，使燃油消耗保持最经济的效果，减少产生一氧化碳，防止沉淀物形成、防腐蚀、防氧化。

使用方法：加油前添加，添加比例为1%。

适用范围：电喷汽油发动机。

注意事项：为易燃物，但不含铅、镉、多氯联苯、酒精及其他有害化合物，不会造成污染。

（2）燃油添加剂。

特性：保护及净化燃油系统，清除油箱、油管及燃烧室的污垢和积炭，并防止其被腐蚀，改善燃烧效果，减少能源消耗，达到最佳功率。

使用方法：加油前添加本品，添加比例为1%。

适用范围：传统化油器式发动机，适用于有铅及无铅汽油。

注意事项：本品为易燃物，但不含铅、镉、多氯联苯、酒精及其他有害化合物，无环境污染。

（3）润滑油添加剂。

特性：使发动机润滑油在高速行驶时，仍能紧密地附着在金属的摩擦面上，可降低 50%的磨损；使发动机润滑油在长期使用后，仍能保护良好的物理性，不因水分乳化而产生泡沫；使发动机润滑油的黏度更具温度变化的安全性及耐热性；本品不含石墨、二硫化钼、铁氟龙及其他固态润滑剂添加物。

使用方法：添加在发动机已升温的润滑油内，或更换润滑油时添加本品，亦可添加于正在使用的润滑油内，一罐（100～200mL）润滑油添加剂可适用 4～6mL 的发动机润滑油。

适用范围：所有的汽油机、柴油机和废气涡轮增压发动机，适用任何品牌的润滑油。

（4）变速器油添加剂。

特性：降低摩擦系数，减少磨损，降低齿轮的噪声；延长齿轮寿命，使齿轮在有突变及怠速加压运转时，仍具有良好的特性；不含石墨、二硫化钼、铁氟龙及其他固态润滑剂添加物。

使用方法：加在变速器油内。

适用范围：变速器、差速器。

四、其他护理用品

（1）电机接点保养剂。

特性：可免除蓄电池正负两极通电时产生的氧化物，防止酸性氧化物产生，保证无电压损失及电阻过大而升温，保护蓄电池并增加它的寿命。

使用方法：先以苏打水清洁固定支柱及蓄电池接线柱，在固定支柱及蓄电池接线柱上喷涂。

适用范围：交流电、直流电的接头皆可使用，保护蓄电池通电顺畅。

（2）蓄电池接线柱保护剂。

特性：耐高温，耐腐蚀，可酸化并产生铅锌氧化物，能保护蓄电池接线柱及电线接头，导电性良好，可防止过大电压降。

使用方法：彻底清洁蓄电池接线柱及电线接头，使用前先将其摇均匀，再喷向蓄电池接线柱周围，不可在火源附近使用，使用时勿吸烟。

注意事项：因本罐为压力容器，应避免在阳光下暴晒或在 50℃以上环境中存放；用毕后勿燃烧本容器，勿在其上打孔，勿将剩余物质喷洒在火焰或灼热的物体上。

（3）雨刷精。

特性：界面离子浓缩剂，不伤害车身钢板及漆面，快速清除污垢；不产生伤害眼睛的折光，延长雨刷寿命；一罐 25mL 的雨刷精可与 2.53L 的水稀释。

使用方法：打开易拉罐，注入雨刷喷水箱内。

适用范围：任何车种。

（4）防雾剂。

特性：可达到清洁、防雾和清澈的效果，不伤害漆面及雨刷，无环境污染。

使用方法：打开易拉罐，倒入喷雾罐内即可使用，喷在风挡玻璃上。

适用范围：汽车内、外风挡玻璃。

注意事项：本品为易燃物，作业时要注意防火。

（5）水箱恒温防漏剂。

特性：防止水箱漏气及漏水，维持水箱恒温；保护冷却系统，润滑水泵；防止水质变化产生锈蚀及水垢；不会伤害橡胶及金属制品，一罐 250mL 可稀释约 15L 水。

使用方法：更换水箱内的水时同时加入本品，起动发动机怠速运转 15 分钟，水箱的水温升高后开始产生效用。

适用范围：汽车冷却系统。

（6）清洁香波。

特性：pH 值（酸碱度）为 7，呈中性；不腐蚀漆面、不脱蜡，伴有柠檬芳香味道；能清洗车身漆面，除油污和去静电。

使用方法：先用适量的净水进行稀释，然后涂抹于车身漆面进行清洗，最后用干布擦净即可。

适用范围：各种车型的车身漆面。

（7）清洁上蜡香波。

特性：也称清洁上蜡二合一香波，同时具备除油污去静电及给车身护理上光的作用；性质温和，呈中性，不伤漆面、不脱蜡，伴有芳香味。

使用方法：用适量水稀释，涂洒于车身漆面进行清洗，最后用布擦干净即可。

适用范围：各种车型的车身漆面。

（8）铁氟龙高温高压润滑剂。

特性：不具污染性的透明液体；具有优良防水性及防盐水腐蚀性；可承受高压；适合线形滑动的润滑；可除去摩擦产生的噪声；有良好的绝缘特性，使电路不因湿气产生短路；有效温度为–50～260℃）。

使用方法：使用前摇动罐子，被喷涂的物体需干燥、处于清洁状态（无尘和无油垢）。

适用范围：凡符合无污染性摩擦面的润滑及符合调温高压物理特性的要求，均可使用；对车辆的操纵拉索的润滑及电线的防潮效果显著。

注意事项：本品为易燃物。

（9）超级除锈剂。

特性：除锈，如轴承、螺丝因锈蚀卡紧无法松动时；防锈，能产生流动、密合、稳定性良好的油膜，隔离湿气，润滑摩擦面。

使用方法：对准需要喷涂的表面少量喷射即可。

注意事项：本品为易燃物。

（10）空调异味清除剂。

特性：可将车内的烟味、使人不快的空调异味、沾染在座垫上的芳香剂残余气味等微粒子强力消除，使用后感觉如坐新车一样。

使用方法：打开汽车所有门窗，启动发动机，将空调开到最冷，空调系统置于外循环状态；使用前摇匀，找出空调系统的进风口，可以用纸巾试是否有吸力（有吸力时产品才能进蒸发器），将产品从进风口喷入，持续10～20秒；关闭空调，关闭发动机；关闭门窗前，至少保持5分钟。

项目小结

1. 专业汽车美容不仅包括汽车清洗、打蜡，还包括了汽车护理用品的选择与使用、汽车油漆护理（包括各类漆面缺陷的美容、汽车划痕修复等）和汽车整容及装饰等内容，是一个复杂的系统工程。

2. 最经济、最简捷的美容手段就是自己动手、开展汽车自助美容。

3. 汽车美容常用工具主要有清洁工具、除锈工具、刮涂工具、打磨工具、刷涂工具、喷涂工具、防涂遮蔽工具及其他安全防护工具等。

4. 汽车美容护理作业使用的材料种类繁多，根据美容护理用品的作用及功效将其分为汽车清洗系列用品、汽车护理系列用品和汽车专业保护系列用品三大类。

项目训练

一、判断题

1．底盘防护处理不属于汽车美容的范畴。（　　）

2．汽车专业美容不仅包括清洗、打蜡，还包括油漆护理。（　　）

3．小毛巾主要用于车身表面的手工清洗和擦拭。（　　）

4．洗车手套用于擦洗车身，使得车漆表面避免被灰尘划伤。（　　）

5．空气清洁枪主要用于汽车内饰件。（　　）

6．板刷主要用于轮胎、挡泥板等处附着泥土污垢的清除。（　　）

7．车巾是用蜡、树脂和去离子水乳化混合而成的液料浸润于无纺布制成的。（　　）

8. 机械除锈质量好，但工作效率低。（ ）
9. 刮灰刀规格多、弹性好，可适用不同的场合。（ ）
10. 门缝式密封胶条可防止喷漆时漆喷入车内。（ ）
11. 车身胶带不易撕掉、易残留胶，需作后续处理。（ ）
12. 吸尘器结构复杂，不便于清洁。（ ）
13. 燃油添加剂可净化燃油系统。（ ）

二、选择题

1. 以下属于汽车美容自理性保养的是（ ）。
A. 贴膜 B. 打蜡
C. 抛光 D. 大包围
2. 汽车油漆耐酸、碱的承受力的 pH 值在（ ）以下。
A. 6.0 B. 7.0
C. 8.0 D. 9.0
3. 海绵不具备（ ）的特点。
A. 柔软 B. 弹性好
C. 不藏土 D. 有气孔
4. 手工除锈使用的工具主要有（ ）。
A. 刮刀 B. 清洗剂
C. 车巾 D. 海绵
5. 软毛刷多用（ ）制成。
A. 猪鬃 B. 羊毛
C. 塑料 D. 马鬃
6. 喷涂工具主要有（ ）。
A. 喷枪 B. 压缩空气
C. 油漆 D. 涂料杯
7. 车厢内的各种污迹可用（ ）清洗。
A. 清洗剂 B. 蒸汽清洗机
C. 肥皂 D. 泡沫剂
8. 做好的油脂开蜡水是（ ）型的。
A. 可降解 B. 不可降解
C. 水溶 D. 油脂
9. 车身上的沥青可用（ ）去除。
A. 普通清洗剂 B. 专用清洗剂
C. 开蜡水 D. 水蒸气
10. 发动机清洗剂大部分是直接加注到（ ）中。
A. 油箱中 B. 燃烧室
C. 水箱 D. 润滑油

三、简答题

1．什么是汽车美容？

2．仿鹿皮毛巾的特点有哪些？

3．常用的清洁工具有哪些？其主要特点是什么？

4．简述研磨盘和抛光盘的种类及其特点。

5．常用的美容用品有哪些？各适用于何地？

项目二 汽车外部美容

项目导读

汽车外部美容主要是指车身漆面的美容，包括车身清洗、开蜡打蜡、研磨抛光、漆面封釉、车身镀膜等。其目的是使汽车外部美观，并减少外界环境对漆面的侵蚀，提高其光洁度和硬度。

任务一 了解汽车外部美容材料及注意事项

任务描述

汽车外部美容要根据车身漆面的不同来选择美容材料和方式。车身漆面一般由四部分组成：成膜物质（树脂，又称光油）、颜料（又称底漆）、溶剂（又称稀释剂）、添加剂（又称固化剂）。

一、汽车外部美容材料

相关知识

1. 成膜物质

成膜物质是油漆的主体成分，其作用是使颜料保持明亮状态，使之坚固耐久并能粘附在物体表面，是决定油漆类型的物质。一般由干性油或半干性油改性的天然树脂（如松香）、人造树脂（如失水苹果酸树脂）、合成树脂类（如甲基丙烯酸甲脂、聚氨基甲酸乙脂，聚苯乙烯、聚氯乙烯）制成。通常通过添加增塑性剂和催化剂来调整，改进它的耐久性、附着力、防腐蚀性、耐磨性和韧性。

2. 颜料

颜料是油漆中两种不挥发物质之一，它赋予面漆以色彩和耐久性，同时使油漆具有遮盖力，并提高强度和附着力，改变光泽，改善流动性和涂装性能。

3. 溶剂

溶剂是油漆中的挥发成分，它的主要作用是能够充分溶解漆膜中的树脂，使油漆能正常涂抹。优质的溶剂能改善面漆的涂抹性能和漆膜特性，增强光泽，减小油漆网纹，从而减少抛光工作量，同时也有助于更精确地配色。溶剂还用作稀释油漆的稀释剂，使它的黏度适合涂装要求。

4. 添加剂

现在涂装工艺已发生了巨大变化，添加剂的使用也越来越常见。虽然添加剂在油漆中的比例不超过 5%，但它们起着各种重要作用。在添加剂中，有能加速干燥并增强光泽的固化剂，有能减缓干燥速度的缓凝剂，还有能减弱光泽的消光剂。有些添加剂起的是综合作用，即同时能够减少起皱、加速干燥、防止发白、提高耐化学物质的能力。

汽车漆可以简单地划分为普通漆和透明漆（镜面清漆）。一般来说，两种漆具有相同的结构：金属材料－电解漆－底漆－色漆（普通漆的结构）。透明漆比普通漆要多一层通常用聚氨脂或氨基甲酸脂形成的透明表层。

透明漆的出现有两个目的：一是增强漆的亮度和反光度，二是用以保护色漆层。值得注意的是由于透明漆的出现，现有色漆的厚度要比以前薄得多，有些车的色漆达千分之一毫米以下。透明漆美观，光泽度很高，但易出现划痕。如果我们洗车时，用稍有些发硬的毛巾或麂皮去擦车，就会出现发丝划痕。透明漆也比普通漆更易受到环境污染的侵蚀，一两次并不明显，但若长期不作护理，最终这种化学反应会侵蚀到色漆层、底漆层和金属。

识别普通漆和透明漆的方法之一是目测，透明漆光泽的层次比普通漆要深。方法之二是试验。用湿布蘸一点研磨剂，在车身不显眼处磨几下，若布上有颜色，则是普通漆；反之，则是透明漆。在难以目测的情况下，则假定它是透明漆，并按护理透明漆的程序来工作。透明漆护理的好坏，一般是通过“倒影线条”来反映的。拿一张报纸，放在车漆面前，若能从透明漆反射的影中读报，说明此车的透明漆有影深，表层也光滑如镜。而普通漆达不到这种效果。

二、汽车外部美容作业注意事项

汽车外部美容作业时应注意下述事项。

（1）工作人员应穿戴工装，不得佩带首饰、手表等物，身上配物及纽扣不得与汽车漆面接触，防止刮伤漆面。

（2）美容工具在使用过程中，非工作部分不得接触汽车漆面，不得将工具放置在漆面上。抛光机、封釉机的电线不得落在漆面上。

（3）美容材料多为碱性物质，使用过程中注意安全。

（4）目前市场上美容工具品种繁多，不同品牌的产品在使用过程中操作方法也不相同，使用前必须仔细阅读使用说明书，防止误操作带来损害。

任务二 车身清洗

任务描述

车身清洗主要是利用高压水枪和清洗液洗去车身外部污物，使车身外部整洁美观，并降低酸雨等腐蚀物对漆面的损坏。目前车身清洗有三种方式：手工清洗、高压清洗、计算机清洗。手工清洗一般采用“水桶”“毛巾”方式，现在此方式已基本退出市场；高压清洗采用高压清洗机清洗，目前是市场主流，但多不规范；计算机清洗主要用于大型汽车美容连锁店，特点是操作简单，流程规范，清洗效果最好，代表了汽车清洗的方向。本章主要介绍最常见的高压清洗。

相关知识

一、汽车污垢的组成及清洗剂的选择

1. 车身污垢的组成

车身污垢包括：外部沉积物、锈蚀物、附着物。这些污垢各有特性，一般具有较强的附着力，清除方式也不一样。

2. 清洗剂的种类及选择

进行车身清洗时，由于车身漆面的特点，无论什么样的车身漆面，均不能用洗衣粉、洗洁精等碱性成分大的普通洗涤用品。否则，会造成车身漆面的损坏。

根据洗车目的的不同，可以选择不同的清洗液。

（1）不脱蜡洗车，是指使用高压水枪，配合香波汽车液（又称水系清洗剂），除去车身上的尘土及污垢，由于不含碱性物质，不损伤车身漆面，是目前国内外最常用的洗车方式。

（2）脱腊洗车，是指使用脱腊液（主要成分为树脂），洗掉车身上原有的车蜡。注意，脱过蜡的汽车必须重新打蜡。

（3）洗车蜡洗车。洗车蜡又称天然打蜡香波或二合一洗车香波，它是一种含有水蜡的洗车液。用洗车蜡洗车除具有洗车功能外，还兼有打蜡功能，但保持时间不长。

（4）顽固污渍处理，一般采用有机清洗剂，清洗对象多为牢固附着在车身表面的油脂类污垢。注意，使用时尽量避免接触到塑料及橡胶部件，以免造成老化。

二、高压清洗流程

1. 冲洗

（1）将清洗机安装好。主要是将高压水枪拧紧，并将进水管接到水龙头处，也可在进水口处安装滤网，如图 2-1 至图 2-3 所示。

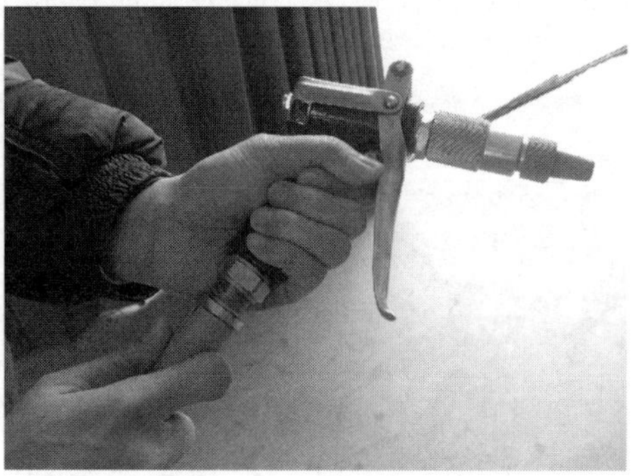

图 2-1 拧上高压水枪

图 2-2 将进水管接到水龙头处

图 2-3 在进水口处安装滤网

（2）手提高压水枪，启动冲洗机。注意：各种清洗机启动方式不同。部分清洗机启动后需按下出水口处按钮，如图 2-4 所示。

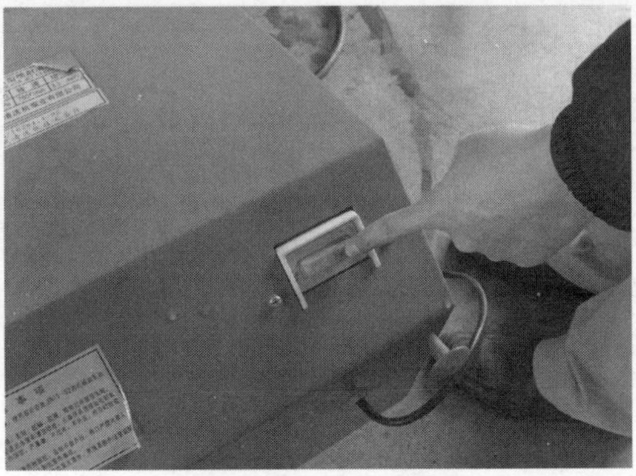

图 2-4 启动冲洗机

（3）可调整喷水压力及水花。简单调整可调水枪喷头。更大范围调整可调整清洗机上的调整旋钮。

（4）用高压清洗水枪从上至下将粘附在车身表面的灰尘泥沙等污物冲掉。如车身太脏，可反复冲洗，如图 2-5 和图 2-6 所示。

图 2-5 清洗车顶

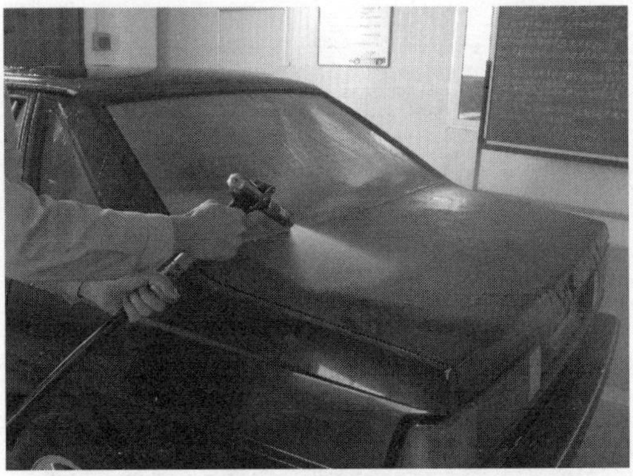

图 2-6 清洗车尾

（5）用高压水枪冲洗车身下部。如底部太脏，可将水枪压力调高，采用细柱状水流，如图 2-7 所示。

图 2-7　调高出水压力

2. 上清洗液

上清洗液是用超浓缩香波洗车液洗车，其目的主要是清除车身表面的油垢和静电。如果车身静电没有彻底清除掉，阳性电荷被覆盖在蜡膜下面，就会使车蜡的养护性能大大下降，而且附着漆面的能力也会随之降低。

（1）按照 1:100 的比例将清洗液与水混合，如图 2-8 所示。

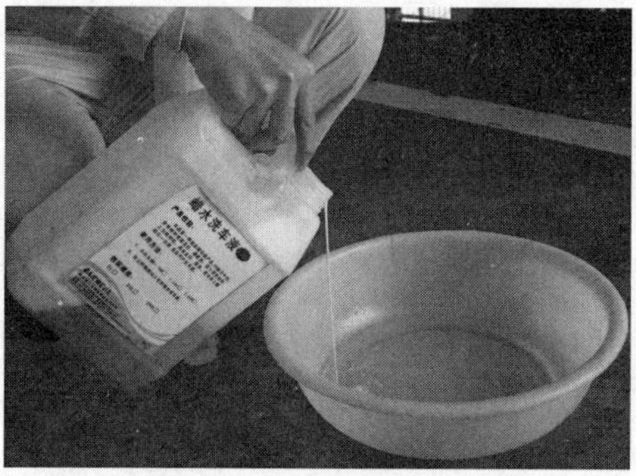

图 2-8　混合清洗液和水

（2）将香波洗车液喷洒在车身上。可用机器喷洒，也可用手工的方式将清洗液涂抹于车身，如图 2-9 所示。

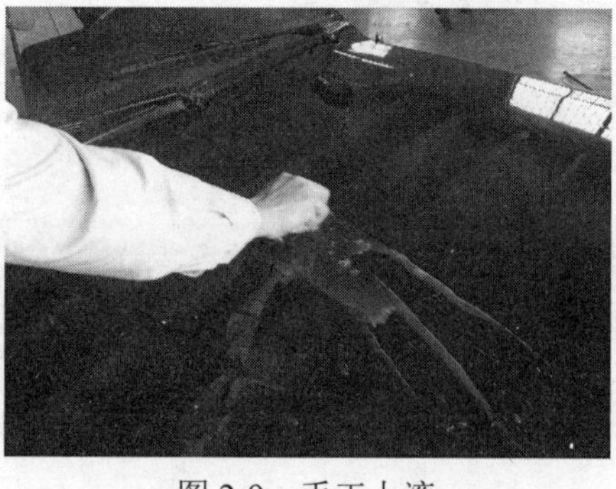

图 2-9　手工上液

3. 擦拭

用海绵或无纺布蘸上香波洗车液擦拭车身一遍。如果污物不易清除，可反复揩擦几遍。

注意：要将擦拭车身上下部位的海绵分开使用，以免沙粒等刮伤漆面，如图 2-10 所示。

图 2-10　擦拭

4. 冲洗

用高压水枪自上而下冲洗车身。注意将隐蔽处的洗车液冲洗干净，如图 2-11 所示。

图 2-11　冲洗车身

5. 清除顽迹

（1）对于沥青等污物可用专门清洗液清除，如图 2-12 和图 2-13 所示。

图 2-12　沥青清洗剂

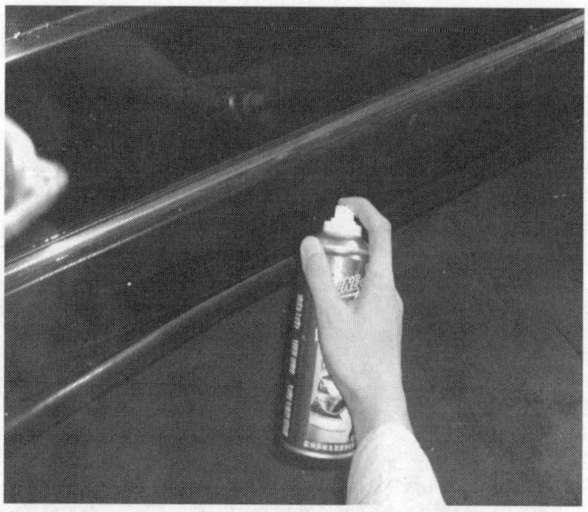

图 2-13　清洗沥青等顽固污物

（2）对于轮胎轮辋处不易冲洗的地方可喷上清洗液，用小刷子刷洗清洁，如图 2-14 所示。

图 2-14　刷洗轮辋

6. 擦干

可用仿鹿皮毛巾将车身擦干。擦干的要求是全车无水迹，玻璃无污物，如图 2-15 所示。

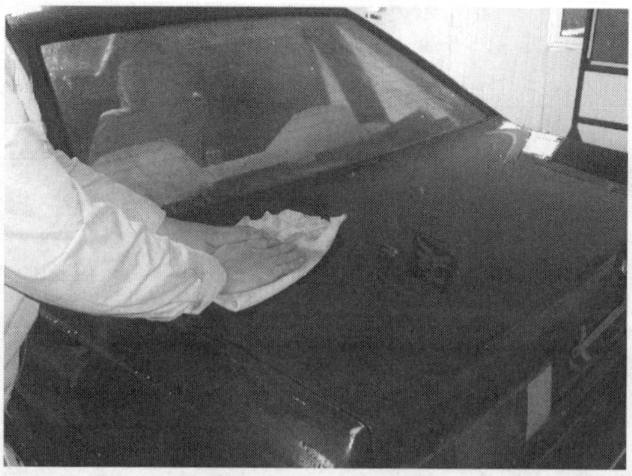

图 2-15　擦干车身

7. 收拾工具

（1）断开水源。

（2）将清洗机内的水放完。

（3）断开电源。

（4）将水枪拆下。

（5）将清洗机和水枪放到指定位置。

三、车身清洗的注意事项

（1）清洗时，最好在室内或室外阴凉处。尤其注意，不能在强烈阳光下洗车，因为车身上的水滴会产生凸透镜效应，聚焦产生高温，损坏漆面。

（2）应在车身表面温度冷却至 60℃以下进行，环境温度应保持在 0～40℃。

（3）水枪离漆面应该在 15cm 以上。

（4）水花与漆面夹角为 45°。

（5）冲洗顺序为车顶到两边。

（6）冲洗车前的栅网部位时，应使用雾状水流，不得直接用水柱对着水箱及冷凝器的散热片冲刷，以免造成损伤，如图 2-16 所示。

（7）尤其要注意后视镜处的冲洗。不能将水枪直接对准镜面，否则会损坏后视镜。

图 2-16　冲洗栅网

1）冲洗后视镜处的正确方式如图 2-17 所示。

图 2-17　冲洗后视镜处的正确方式

2）图 2-18 所示为冲洗后视镜处的错误方式。

图 2-18　冲洗后视镜处的错误方式

（8）在未冲掉车身表面上的泥沙之前，千万不要用毛巾或其他物品蘸水擦洗，否则会使车身漆面被泥沙刮伤，留下划痕。

（9）因车裙和轮胎部位的泥沙较多，不可用擦拭该部位的毛巾再去擦其他部位，以免毛巾上的泥沙刮伤车漆。

任务三　车身漆面开蜡和打蜡

任务描述

汽车打蜡的目的主要是为了保持车身漆面亮丽整洁，保护车漆。车蜡是车身表面最外层的保护层，打蜡除能增加漆面的光洁度外，还能起到防止产生静电、防止紫外线对车身的照射、抗高温、防氧化、防水、防划伤的作用。

相关知识

一、开蜡和除蜡的步骤

新车出厂前，为了避免在运输过程中以及在储存时出现漆面的损坏，一般要进行喷蜡处理。新车交付后，新车保护蜡应该除去，称之新车开蜡。

由于所有的汽车车身漆面都要打蜡保护，在汽车美容过程中，也必须将车身上的残蜡去除干净（除蜡），否则会在下次打蜡时，因旧蜡覆盖在底部，极易产生局部新蜡附着不良的现象。旧蜡的存在同样也会对漆面抛光产生不良影响。注意：开蜡和除蜡的环境温度不得低于 15℃。

其步骤为：

（1）清洗车身，如图 2-19 所示。

图 2-19 清洗车身

（2）用干毛巾将车身擦干，如图 2-20 所示。

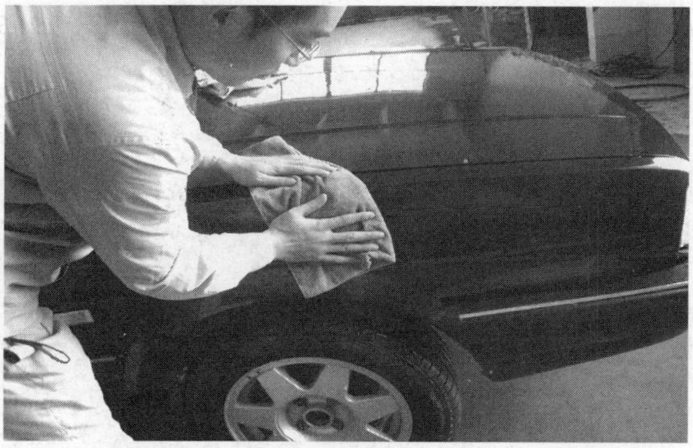

图 2-20 擦干车身

（3）向车身表面喷洒开蜡剂。可用手动喷壶，也可先将开蜡水倒在车身上，涂抹均匀，如图 2-21 和图 2-22 所示。

图 2-21 将开蜡水倒在车身上

图 2-22　涂抹均匀

（4）静置 5 分钟，使开蜡水完全渗透于蜡层，快速溶解保护蜡。

（5）用湿毛巾将开蜡剂、残蜡等擦净。擦拭时注意清除车标内空隙以及油箱盖周围、车门车窗密封条边缘、车牌、车灯等处的残余车蜡，如图 2-23 所示。

图 2-23　擦净车身

（6）用香波洗车液清洗全车。

（7）用清水将全车冲洗干净。

注意：新车开蜡后，应及时打蜡。

二、打蜡的步骤

（1）清洗车身，并保证擦干。

（2）将少量的车蜡涂抹到海绵上。一般每盒车蜡都带海绵，如图 2-24 所示。

（3）用海绵把车蜡均匀涂抹到车身表面。打蜡时手的用力要均匀，用大拇指和小拇指夹住海绵，用手掌和其余 3 个手指按住海绵，从外向内推抹海绵。注意不能随意画圈，车蜡也不宜涂抹过厚，力求薄而均匀，如图 2-25 所示。

图 2-24 车蜡和海绵

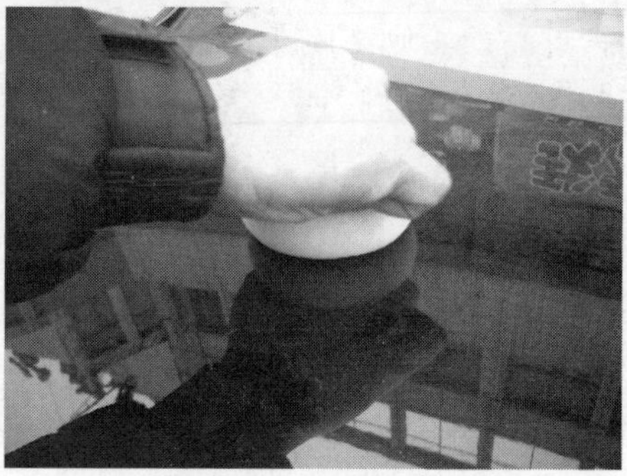
图 2-25 涂抹车蜡

（4）等待几分钟后（以不粘手为宜），用干净无纺布从内向外轻擦车表。类似皮鞋打油，越擦越亮。这一步骤也称为手工抛光，如图 2-26 所示。

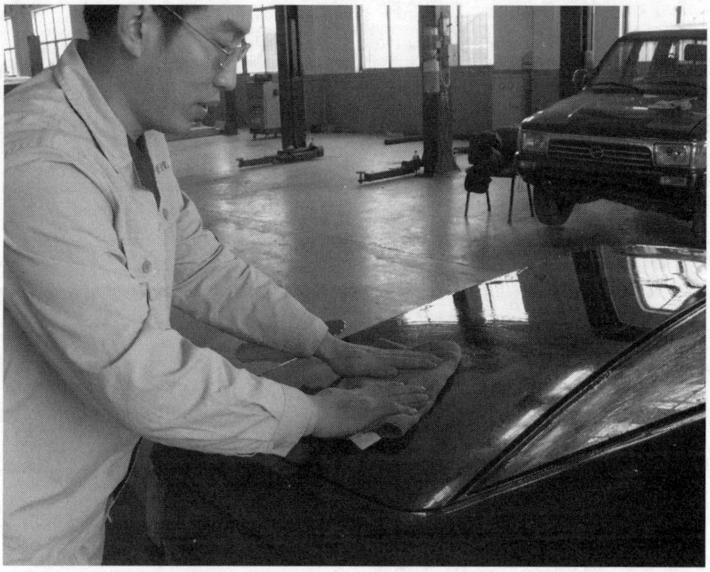
图 2-26 手工抛光

（5）打完蜡后，要把残蜡清除干净，尤其是边角和橡胶件上的车蜡。

三、注意事项

汽车打蜡的质量好坏，不但与车蜡的品质有关，而且与打蜡作业方法关系密切，所以要正确进行打蜡。在进行汽车打蜡时应注意以下几点：

（1）要掌握上蜡的频率。由于汽车行驶环境及停放场所的不同，车蜡的保持时间也不同，因而打蜡的时间也应该有所区别。一般可以通过目测或触摸的方式感知打蜡的时间。如果看到漆面暗淡或感觉发涩无光滑感觉，应再次打蜡。一般以 4 至 6 个月为宜。

（2）注意打蜡的环境。打蜡作业应该在室内进行，环境要清洁，应通风良好，要避免有沙尘粘附在车身上，以免影响打蜡效果和损伤漆面。

（3）注意打蜡的时机。打蜡应该选择天气晴朗的日子，避免在雨天进行。打蜡时，车身温度不宜过高，否则影响车蜡的附着力。

（4）注意打蜡的方法。上蜡时应该尽量采用柔软的海绵进行均匀涂抹，应遵循先上后下的原则，作业要连续完成，不可涂涂停停。打蜡时海绵应该按一定的顺序进行，防止出现光线漫射的不一致。

（5）注意打蜡的范围。上蜡时要注意涂抹的地方，玻璃上形成的油膜很难清除干净，因此不要涂在车窗玻璃上。

另外，车门、挡泥板等拐角处，要仔细涂抹和打磨。

任务四 研磨抛光

任务描述

车身漆面受环境影响容易氧化，在漆面表面形成薄薄的氧化层。汽车抛光即使用高速抛光机将漆面氧化层去除。当发现漆面发暗或触摸不够光滑时，应进行车身抛光。对于轻度划伤，也可通过抛光处理掉；对于划痕的处理则采用研磨。研磨和抛光都采用抛光机作业，两者的区别在于所选用材料的不同。抛光采用抛光盘和抛光剂，研磨则采用研磨盘和研磨剂，两者的操作方式基本一样。

相关知识

一、车身漆面划痕类型及漆面状况辨别

1. 车身漆面划痕

车身漆面划痕可以分为以下五种：

（1）发丝划痕：洗车、擦车或轻微摩擦而产生的细划痕，未穿透透明漆，一般手感察觉不出凹痕处。

（2）微度划痕：比发丝划痕要深，但未穿透色彩漆层。

（3）中度划痕：可见底漆，但未划破底漆层。

（4）深度划痕：可见电解漆，但未见金属。

（5）创伤划痕：指金属受到严重伤害的划痕。

不同的划痕创伤有不同的处理方法，应掌握各自的特点，采取相应的护理措施。对于发丝划痕，可采用强力抛光剂进行抛光处理；对于微度划痕、中度划痕，可采用研磨的方法进行去除；对于深度划痕、创伤划痕则需要采用局部补漆的方法处理。由于局部补漆工艺复杂，而且属于喷漆内容，本节不予讨论。

2. 车身漆面状况的辨别

分辨哪些车身漆面部位需要抛光的鉴定方法有两种：

（1）视觉分辨法。用肉眼观看漆面，若可以看到自己清晰的影子，说明漆面的镜面效果良好，不必抛光。若看到自己的影子呈模糊一片，只能分辨出一个大概的轮廓，说明车身漆面需要抛光。同样，若远离车身时感觉车身很亮，而近在咫尺时差别十分明显，就说明车身漆面

有亮度但缺乏深度，也需要抛光。视觉分辨法适用于车身漆面着色较深的汽车，如红色、黑色和深蓝色。

（2）触觉分辨法。对于车身漆面着色较浅的汽车，可以采用触觉分辨法。在手指上套上光滑的玻璃纸（如烟盒的玻璃膜），然后在漆面上轻轻滑过。若手感有明显的凹凸，说明漆面粗糙，需要抛光。

二、抛光步骤

（1）车身如有车蜡，应先进行开蜡处理，并将车身清洗干净。

（2）根据漆面情况，选择合适的抛光盘和抛光剂。注意：抛光盘应清洗干净，这是由于抛光盘多为羊毛制品，容易产生静电，吸附污物及小颗粒，如不清洗干净，则会损伤漆面。

（3）将抛光盘安装到抛光机上，如图 2-27 所示。

图 2-27　安装抛光盘

（4）将抛光机接通电源，调整好转速。

（5）将车身橡胶件用胶带覆盖好。

（6）抛光时，先将少量抛光剂喷洒于待抛光漆面，如图 2-28 所示。

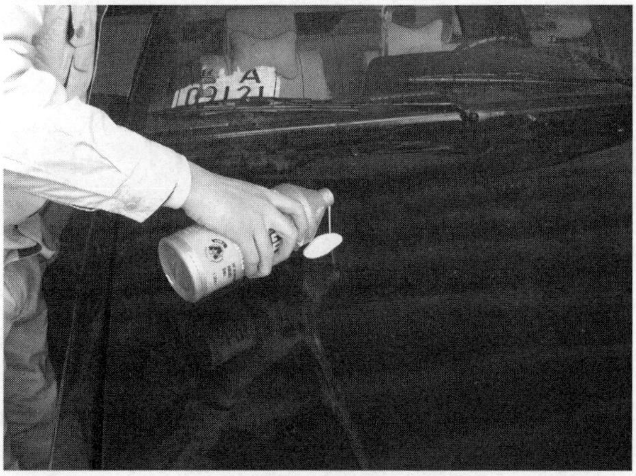

图 2-28　喷洒抛光剂

（7）拿起并启动抛光机。注意：抛光机在启动和关闭时，抛光盘都不能接触其他物体，尤其不能接触漆面。

（8）按照从前往后、先上后下的方法抛光车身。注意：抛光时，电源线应拿好，不得接触漆面，如图 2-29 所示。

图 2-29　抛光车身

（9）对抛光机无法进行抛光的地方采用手工方式抛光，如图 2-30 和图 2-31 所示。

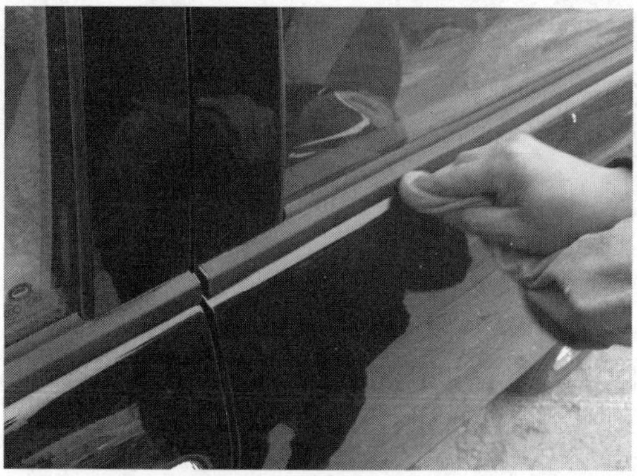

图 2-30　手工抛光车门 1

图 2-31　手工抛光车门 2

（10）操作完毕后，拿起抛光机，关闭电源，使抛光机停止运转。拔掉电源，拆下抛光盘，收拾好工具。

三、抛光注意事项

（1）抛光时要始终保持工作盘与车身漆面相切，或平放（平压）于车身漆面上，力度要适中，千万不要倾斜移动抛光机。

（2）车门边缘、车裙边缘、后视镜不能使用抛光盘抛光，可用手工补救。具体方法：先用超能开蜡剂均匀喷敷，软毛巾擦拭，再将抛光剂涂抹其上用软毛巾擦拭抛光。

（3）汽车保险杠处严禁用抛光机研磨抛光。因为塑料制品不易散热，容易在抛光机高速研磨下，产生高温。

（4）不能在同一地方长时间抛光，防止产生高温。

（5）如果遇到车身漆面有轻度划痕和中度划痕时，可将抛光剂涂于划痕处，抛光时沿着与划痕垂直或斜交的方向反复进行抛光。注意：抛光时，应按一定的顺序抛光，不可随意进行，应每小块进行一次处理，不可大范围喷敷、抛光。

（6）抛光完成后应检查前后刮水器的喷水嘴，应无堵塞，且喷水良好。抛光工序完成后，全车应整洁、无油污、无氧化物、无粘附性杂质；玻璃、保险杠、饰条、轮胎、轮辋等表面、边角部位及缝隙不应有残留物；车身漆面色泽一致，亮度均匀，不应有划痕。

（7）抛光机的正确放置，如图 2-32 所示。抛光盘不要和其他物件接触，防止沾染灰尘泥沙，影响抛光效果。

图 2-32　放置抛光机

任务五　车身漆面护理

任务描述

根据汽车车身漆面状况和保护效果的不同，汽车车身漆面护理的方式也不同。常见的护理方式：漆面增艳护理、漆面封釉护理和漆面打蜡护理。

（1）漆面增艳护理既可单独作为一种护理方式，也可与漆面打蜡护理组合使用，即汽车增艳护理后可进行漆面打蜡护理。漆面增艳护理的主要功能是，去除自然界对漆面的轻微侵害以及抛光时留下的光环现象，还原原车色彩。漆面增艳护理采用魔彩抛光剂或万能还原抛光剂进行抛光作业。抛光过程中严禁使用粗质纯羊毛或人造混纺纤维轮进行增艳处理。

（2）漆面封釉护理作为漆面增艳护理、漆面封釉护理、漆面打蜡护理三道护理工艺的中间组成部分，不能单独进行。

（3）漆面打蜡护理可单独作为一种护理方式，也可与漆面增艳护理、漆面封釉护理组合使用。

前面章节中已经叙述了打蜡和抛光，故本节只介绍漆面封釉护理。

相关知识

一、漆面封釉护理

漆面封釉主要是利用封釉机（也称振抛机）的振抛技术将车釉反复深压进车漆纹理中，形成一层网状保护膜，提高漆面的硬度及光泽度，减少外界环境的侵蚀。与普通车蜡相比，封釉在光泽度、耐磨度、漆面保护效果、持久性上都具有明显的优势。在光泽度上，采用封釉技术的车，光泽度可达到 95%以上。耐磨度方面，封釉能使漆面表面形成一层坚硬的保护层，防止风沙和洗车带来的磨损。

封釉机主要是靠振动的方式，配合以低速旋转。

二、封釉的步骤

（1）中性清洗，使用中性洗车液清洗全车漆面。

（2）抛光研磨，除掉漆面上的氧化层，直至漆面出现光亮效果。用无尘纸或无纺布将抛光残留物清除干净。

（3）将封釉机安装好，如图 2-33 所示。

图 2-33　安装封釉机

（4）将车釉涂抹至待封釉漆面，面积大概是四分之一发动机盖，不要涂抹面积太大。停留大约 1 分钟左右，如图 2-34 所示。

（5）启动封釉机，进行封釉，如图 2-35 所示。封釉的方法仍为从上到下。

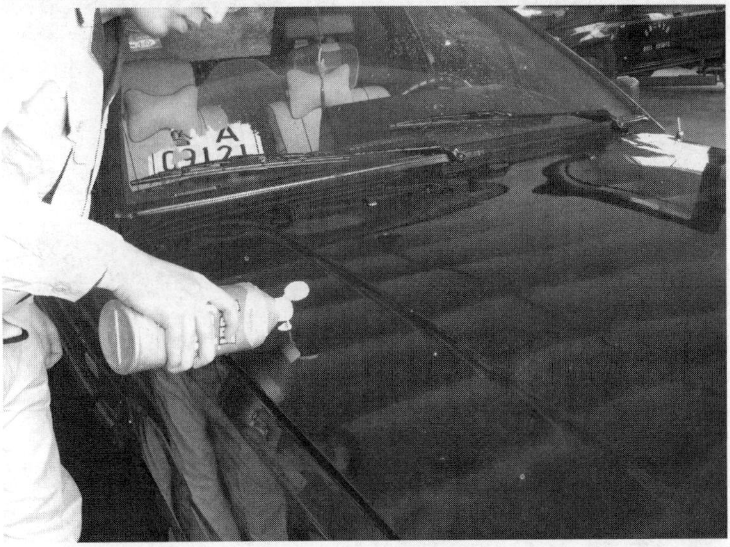

图 2-34　涂抹车釉

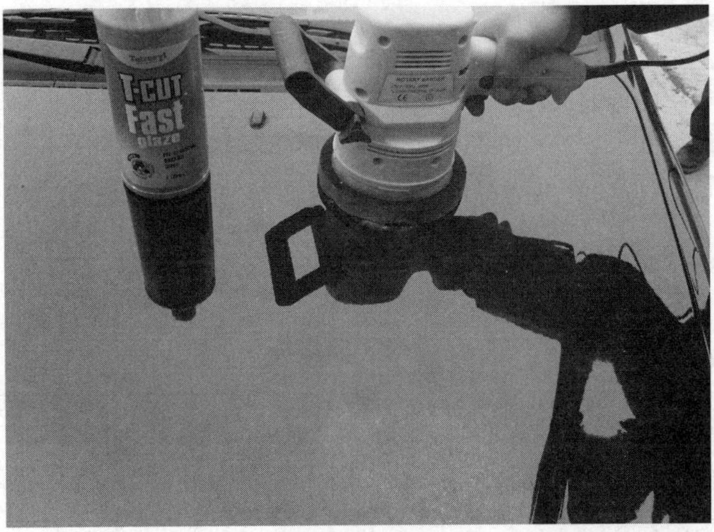

图 2-35　封釉

（6）无尘打磨，使用无尘纸打磨一遍车身，可使车身如镜面般光亮。

三、封釉注意事项

（1）和抛光时相同，在封釉时，封釉机电源线不得与漆面接触，防止划伤漆面。建议在注意用电安全的情况下，将电源线绕到身后，不与汽车漆面接触，如图 2-36 所示。

（2）封釉后八小时内不得洗车。

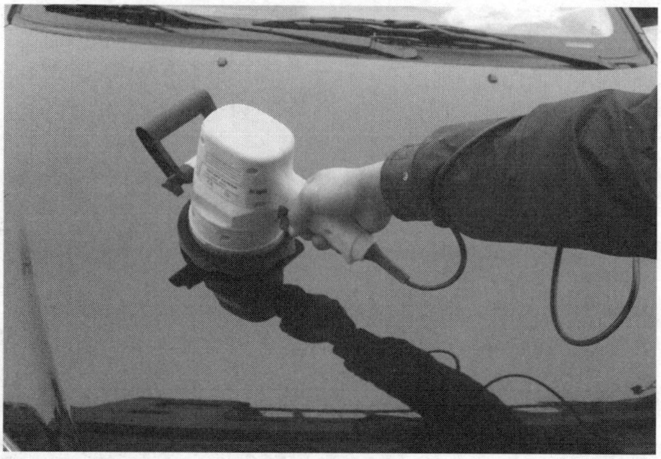

图 2-36　电源线的正确放置

四、镀膜简介

目前市面上出现了镀膜护理。所谓镀膜，就是在车漆表面镀一层硬度高、抗氧化的保护膜。镀膜的出现，有效地解决了车蜡及车釉的氧化问题，并提高了车身表面的硬度。镀膜的程序简述如下：

（1）车身清洗。

（2）漆面抛光。

（3）车身清洗。

（4）将不必镀膜的地方用胶带覆盖。

（5）用专用海绵（一般镀膜剂都附带）将镀膜剂涂抹在漆面。

（6）将残余镀膜剂清除。

项目小结

1. 车身清洗主要是利用高压水枪和清洗液，洗去车身外部污物，使车身外部整洁美观，并降低酸雨等腐蚀物对漆面的损坏。

2. 车蜡是车身表面最外层的保护层，打蜡除能增加漆面的光洁度外，还能起到防止产生静电、防止紫外线对车身的照射、抗高温、防氧化、防水、防划伤的作用。

3. 汽车抛光即使用高速抛光机将漆面氧化层去除。

4. 汽车车身漆面护理的方式有漆面增艳护理、漆面封釉护理和漆面打蜡护理。

项目训练

一、填空题

1. 汽车外部美容主要是指车身漆面的美容，包括______、______、______、______和______等。

2. 汽车漆可以简单地划分为______漆和______漆。

3．目前车身清洗有三种方式：______、______、______。

4．车身污垢包括：______、______、______。

5．按照______:______的比例将将清洗液与水混合。

6．车身清洗在车身表面温度冷却至______℃以下进行，环境温度应保持在______～______℃。

7．水枪离漆面应该在______cm 以上。

8．水花与漆面夹角为______°。

9．车蜡是车身表面最外层的保护层，打蜡除能增加漆面的光洁度外，还能起到______、______、______、______、______、______的作用。

10．根据汽车车身漆面状况和保护效果的不同，汽车车身漆面护理的方式也不同。常见的护理方式有______护理、______护理和______护理。

二、简答题

1．简述汽车美容包含的内容。

2．简析汽车漆面的成分。

3．分析汽车美容从业人员的注意事项。

4．简述车身清洗的种类。

5．简述车身清洗工艺流程及注意事项。

6．简述车身清洗注意事项。

7．新车出厂为什么要打蜡？

8．简述汽车开蜡工艺流程。

9．简述汽车打蜡工艺流程。

10．什么是交通膜？

11．简述汽车抛光的作用。

12．简述汽车抛光的工艺流程。

13．简述汽车抛光的注意事项。

14．简述车身漆面封釉的原理。

15．简述车身封釉的工艺流程。

16．简述车身封釉的注意事项。

17．何为镀膜护理？

18．简述镀膜的简单程序。

项目三
汽车内饰美容

项目导读

汽车内饰美容就是对汽车内部空间的美容护理。汽车内室包括驾驶室和车厢，它是驾驶员和乘客在行驶途中的生活空间。对汽车内室进行美容，可营造温馨、美观的车内环境，从而使驾驶员和乘客乘坐舒适、心情愉快，给人一种宾至如归的感觉。

任务一 车内顶棚、座椅的清洁护理

任务描述

车内顶棚因其位置特殊，一般不会沾染其他污物，主要是顶棚绒布吸附烟雾、粉尘及人体的头部油脂等。绒毛座垫的清洁应注意以下三个问题：

（1）必须对绒毛座垫进行消毒，除去绒毛表面渗进内部的沾染物和油垢。

（2）要保持或恢复绒毛即纤维性材料本身的柔顺性，绒毛座椅面不应该有毛球。

（3）使用的清洁剂不能影响绒毛材料的颜色，绒毛座垫面不应该褪色。

因此，必须采用专用的清洁剂进行清洁护理，绝对不能用漂白粉。因为漂白粉对绒毛制品的柔顺性、光亮度和颜色都有很大的影响。

相关知识

一、车内顶棚的清洁护理

车内顶棚的清洁方法有手工清洗法和机器清洗法两种。

1. 手工清洗法

（1）用软布将绒毛上的尘土、污垢擦拭干净，如图 3-1 所示。

图 3-1 软布擦拭

（2）将适量的丝绒清洗剂喷在车内顶棚上，如图 3-2 所示。

（3）片刻之后，用洁净的毛刷刷洗或者用软布擦拭车内顶棚的污垢。污物较多时可多次重复操作，直到污物全部清除，如图 3-3 所示。

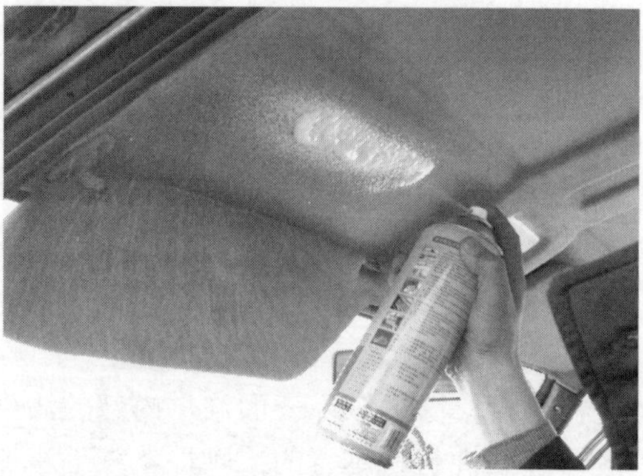

图 3-2　喷洒丝绒清洁剂

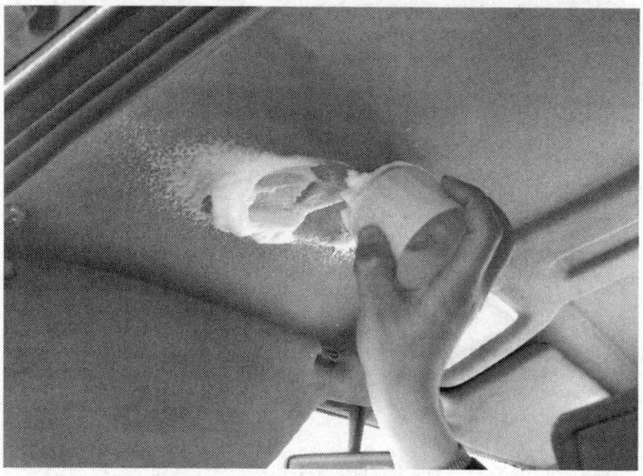

图 3-3　毛刷刷洗

（4）污物清除干净后，用一块干净的棉布（或软布）顺着车顶的绒毛方向抹平，以恢复其原样，如图 3-4 所示。

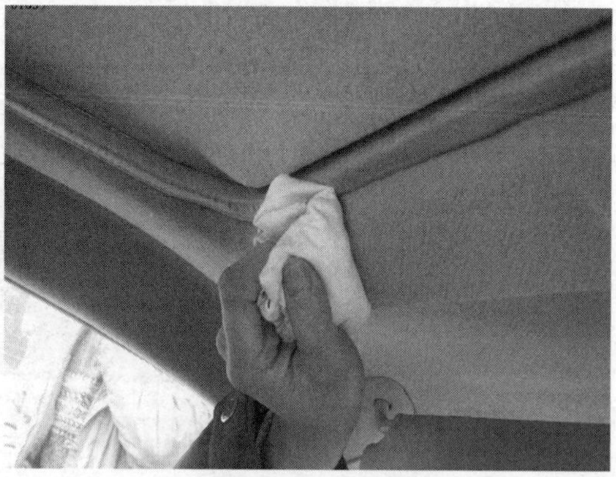

图 3-4　软布擦拭

2. 机器清洗法

（1）先用软布将绒毛上的灰尘、污物擦干净，如图 3-5 所示。

（2）打开蒸汽机开关调整适当的压力，得到适当的出气量，再用蒸汽清洗机的小扒头边扒边吸，进一步清洁绒毛，如图 3-6 所示。

图 3-5　软布擦灰尘

图 3-6　蒸汽机清洗

（3）对于绒毛上的大面积污迹，可先喷上适量的丝绒清洗剂，配上毛刷进行刷洗，然后用高温蒸汽清洗液进行清洗，即可收到良好的清洁护理效果，如图 3-7 所示。

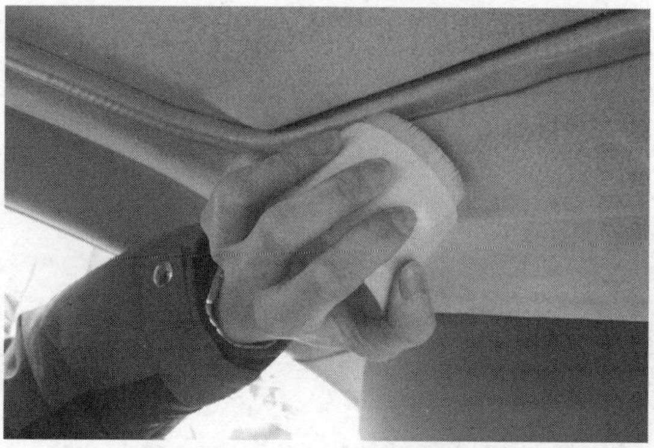

图 3-7　配合毛刷刷洗

二、绒毛座垫的清洁护理

绒毛座垫的清洗方法分为手工清洗法和机器清洗法。

1. 手工清洗法

（1）用软布将绒毛上的尘土、污物擦干净，如图 3-8 所示。

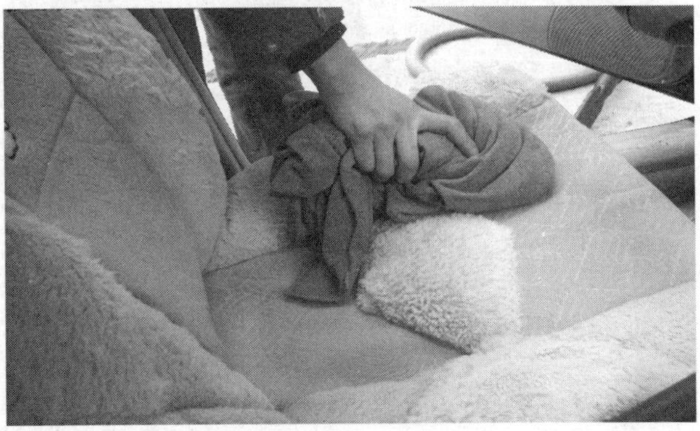

图 3-8　用软布擦拭灰尘

（2）将适量的丝绒清洗济喷到污物、油脂处，稍等片刻，如图 3-9 所示。

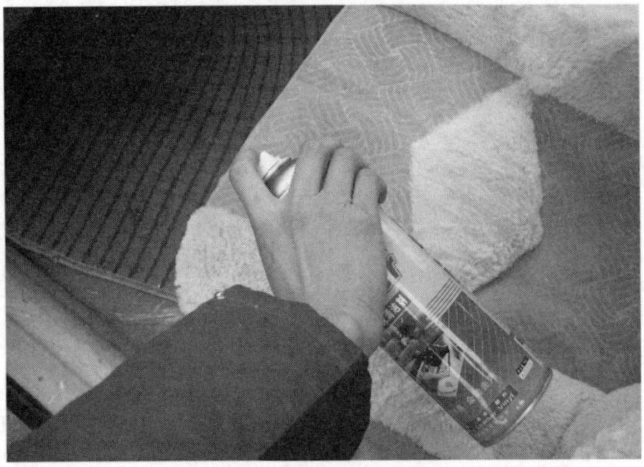

图 3-9　喷洒丝绒清洗剂

（3）用纯棉质毛巾，用力压在污物处，挤出溶有油污和污物的液体，还可以用刷子配合清洗，如图 3-10 所示。

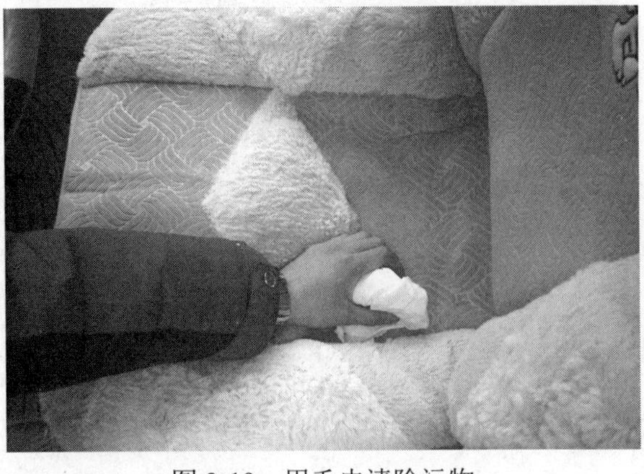

图 3-10　用毛巾清除污物

丝绒清洗剂具有清洁、柔顺、着色三种功能，因此清洁护理可以一次完成。

2. 机器清洗法

（1）用软布将绒毛上的尘土、污物擦干净，如图 3-11 所示。

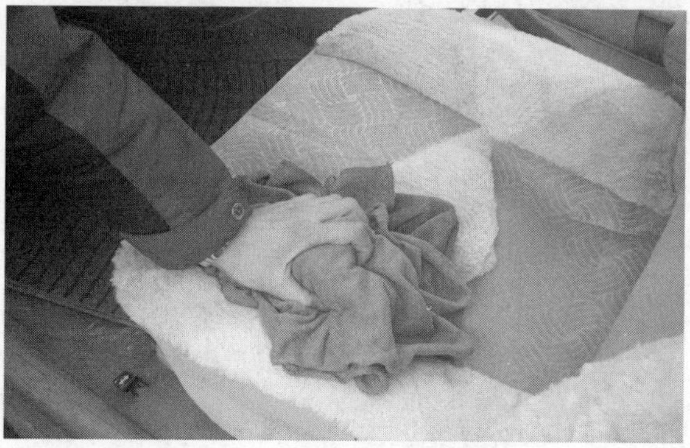

图 3-11 软布去除灰尘

（2）将适量的丝绒清洗剂装入蒸汽清洗机中，接通蒸汽清洗机电源，打开蒸汽清洗机开关，将压力调至适当的挡位（0.35MPa～0.40MPa），如图 3-12 至图 3-14 所示。

图 3-12 加入丝绒清洗剂

图 3-13 调节压力

图 3-14　打开开关

（3）用蒸汽清洗机的吸尘端边移动边吸尘，进一步清洁绒毛。若绒毛较脏，可以反复清洗几遍。

（4）对于车内的部分顽迹，可以再配合毛刷进行刷洗，即可收到良好的清洁效果，如图 3-15 和图 3-16 所示。

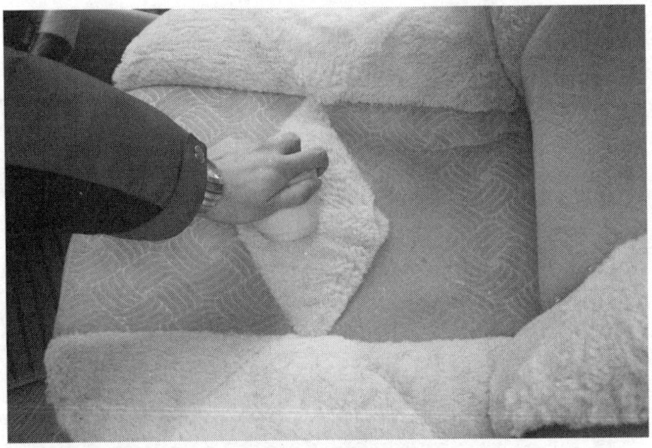

图 3-15　毛刷刷洗

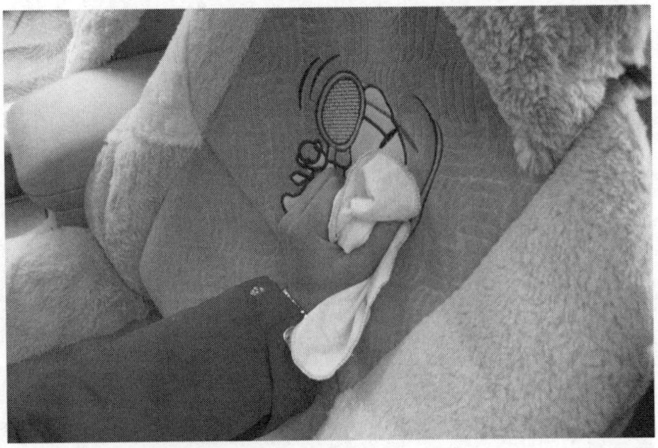

图 3-16　软布擦干净

注意：

（1）要除去座椅表面的灰尘污物。

（2）要恢复座椅绒毛本身材料的柔顺性，必须采用专用的清洁剂进行清洁处理。

（3）要求清洁剂不能影响绒毛材料的颜色。

三、皮革座椅的清洁护理

汽车上使用的皮革有真皮革和人造皮革两种。人造革和真皮座椅的表面有许多细小的条纹，容易积聚和吸附污垢，且很难彻底清除干净。一般不能直接用清水和洗衣粉清洗，必须要用专门的皮革清洁护理用品，才能有效地清除灰尘和污垢。

清洁护理皮革座椅必须使用专门的皮革清洁（保护）剂。皮革清洁（保护）剂能清洁上光，有效地去除静电，增强保护功能。对于比较脏的皮革表面，首先要用丝绒清洗剂进行预处理，然后再用皮革清洁（保护）剂进行清洁护理。

皮革座椅的清洁护理步骤如下：

（1）灰尘清除。将皮革表面用软布擦干净，除去表面吸附的灰尘、水汽，如图 3-17 所示。

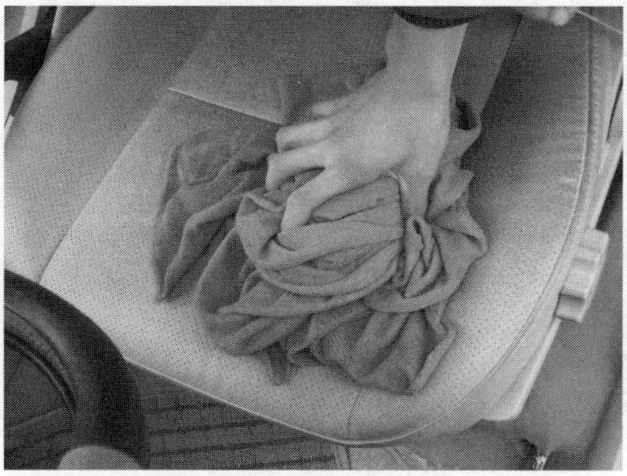

图 3-17　软布去灰尘、水汽

（2）污垢处理。将适量的皮革（丝绒）清洗剂喷涂到皮革座椅的表面，稍等片刻，让皮革（丝绒）清洗剂有效地分解硬结在皮革表面的污垢，用软刷子或干净毛巾仔细擦拭皮革座椅表面的皮革（丝绒）清洗剂，直到污垢被全部清除，如图 3-18 至图 3-20 所示。

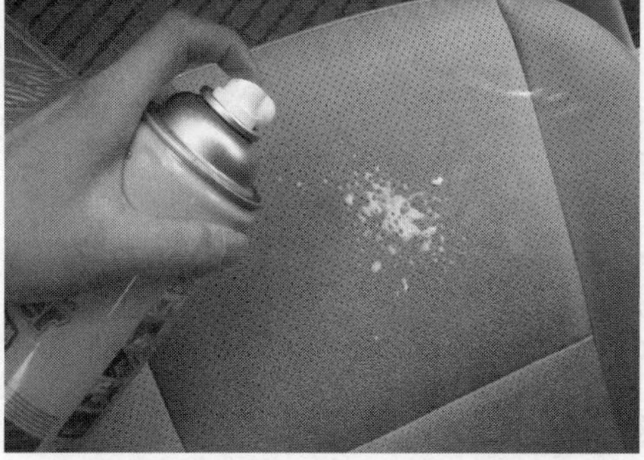

图 3-18　喷涂皮革（丝绒）清洗剂

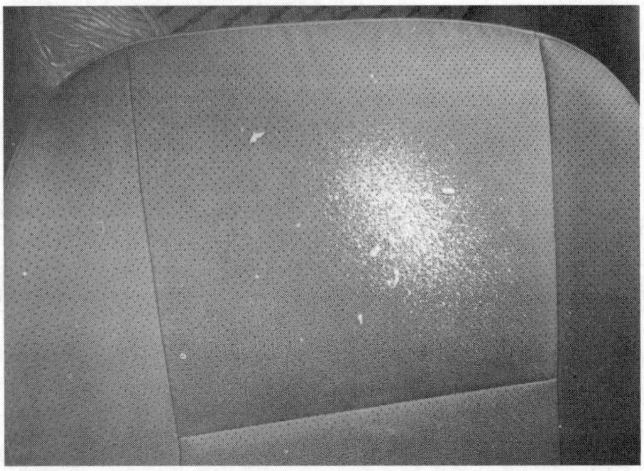

图 3-19　稍等片刻

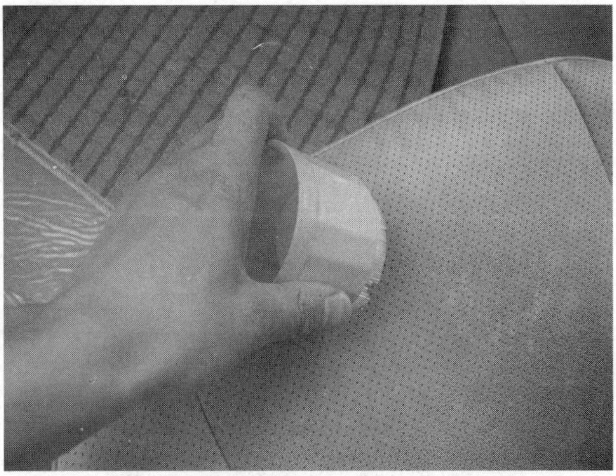

图 3-20　用毛刷刷洗

（3）上光处理。将适量的皮革保护剂均匀地喷涂在皮革表面，并用干净毛巾反复擦拭，直到皮革光亮如新，如图 3-21 所示。

图 3-21　上光处理

任务二 汽车前部内饰的清洁护理

任务描述

在清洁护理汽车前部内饰部位的过程中，不应将丝绒清洗剂、全能泡沫清洗剂、塑料护理剂等喷到开关、电器、皮革座椅、靠背及车身漆面上。

相关知识

一、转向盘的清洁护理

汽车转向盘材料多为真皮或人造皮革，其上主要污物为人体手掌的汗液及油脂，清除方法如下：

（1）将适量的丝绒清洗剂喷在转向盘的皮革上，稍等片刻，如图 3-22 所示。

图 3-22 喷洒清洗剂

（2）用软毛刷刷洗转向盘或者用软毛巾擦拭转向盘，直到清洗干净，如图 3-23 和图 3-24 所示。

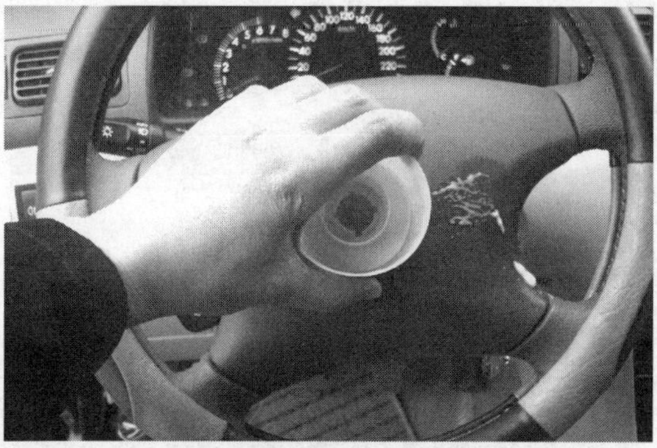

图 3-23 用软毛刷刷洗

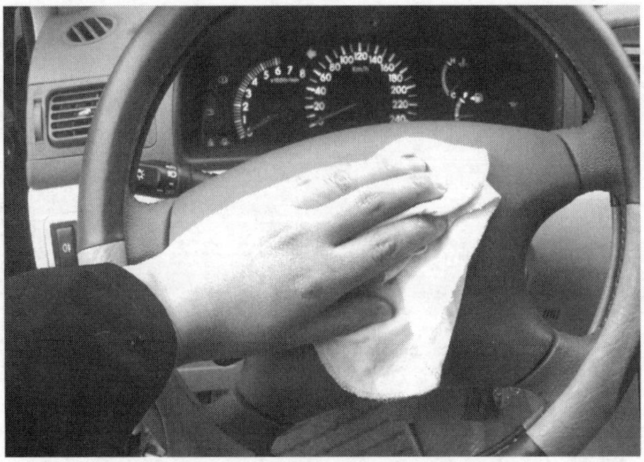

图 3-24　用软毛巾擦拭转向盘

（3）使用塑胶护理剂对转向盘进行上光护理。如果转向盘外面包有外套，必须先拆下外套，然后再对转向盘进行上光护理。

注意：

（1）塑料材质的转向盘：可用干净的抹布蘸上中性的清洁剂进行擦洗，然后用塑胶护理上光剂轻轻擦拭即可。

（2）真皮材质的转向盘：可用真皮清洁柔顺剂进行擦拭，然后用真皮保护上光剂轻轻擦拭即可。

（3）人造皮革材质的转向盘：可用中性的清洁剂进行擦拭，然后用塑料橡胶润光剂轻轻擦拭即可。

二、仪表板的清洁护理

（1）用吸尘吸水器除去仪表板区，特别是条纹、褶皱、边角处的灰尘，如图 3-25 所示。

（2）将适量的全能泡沫清洗剂或丝绒清洗剂喷在仪表板处，如图 3-26 所示。

（3）反复擦拭仪表板处，即可光亮如新，如图 3-27 和图 3-28 所示。

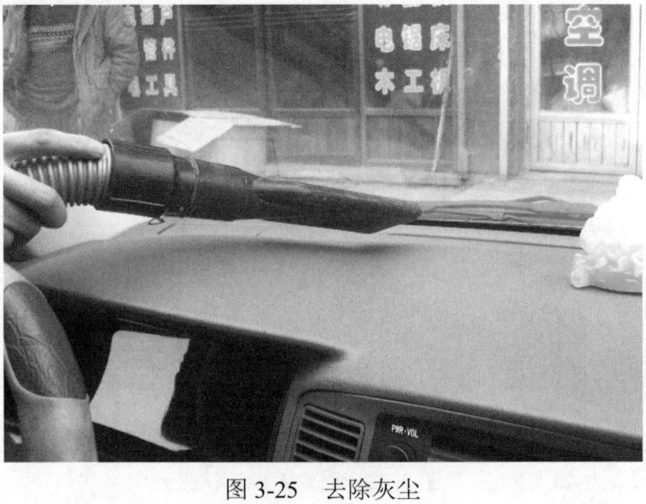

图 3-25　去除灰尘

图 3-26　喷洒泡沫清洗剂

注意：在清洁护理的过程中，不应将丝绒清洁剂、全能泡沫清洁剂、塑料护理剂等喷到电器、开关、靠背及车身漆面上。

图 3-27　用刷子刷洗

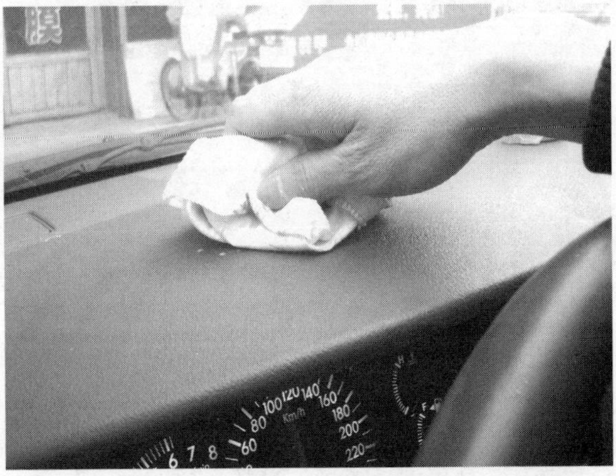

图 3-28　用毛巾擦拭

三、置物箱的清洁护理

（1）用吸尘吸水器除去置物箱区，特别是条纹、褶皱、边角处的灰尘，如图 3-29 所示。

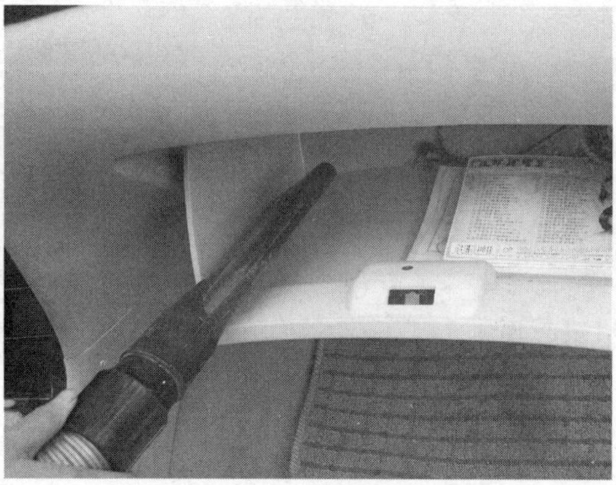

图 3-29　去除灰尘

（2）将适量的全能泡沫清洗剂或丝绒清洗剂喷在置物箱处，反复擦拭，即可光亮如新，如图 3-30 至图 3-33 所示。

图 3-30　喷洒清洗剂

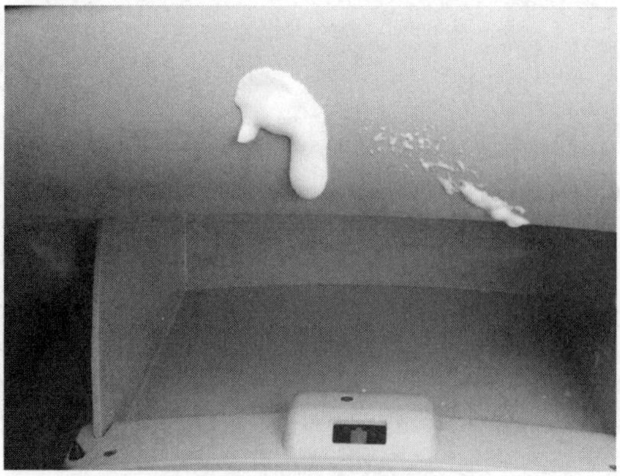

图 3-31　稍等片刻

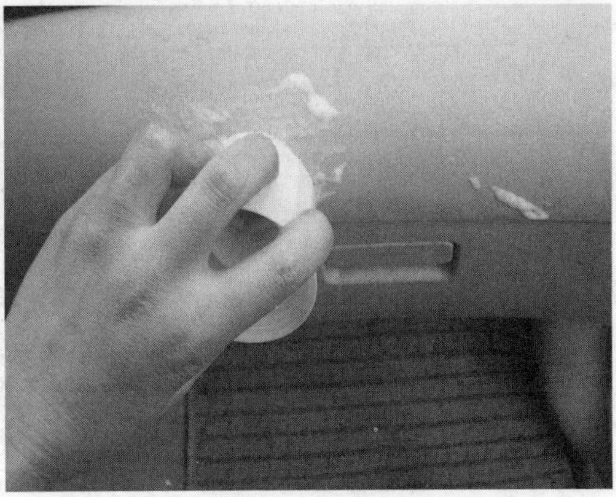

图 3-32　用刷子刷洗

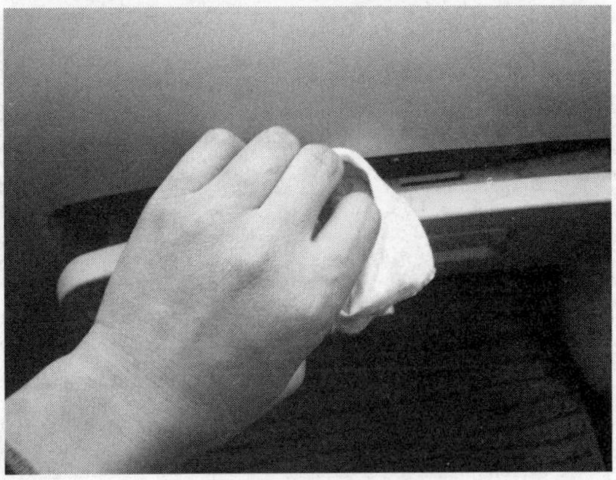

图 3-33　用毛巾擦拭

四、排挡区的清洁护理

（1）用吸尘吸水器除去排挡区，特别是条纹、褶皱、边角处的灰尘，如图 3-34 所示。

（2）将适量的全能泡沫清洗剂或丝绒清洗剂喷在排挡区处，反复擦拭，即可光亮如新，如图 3-35 和图 3-36 所示。

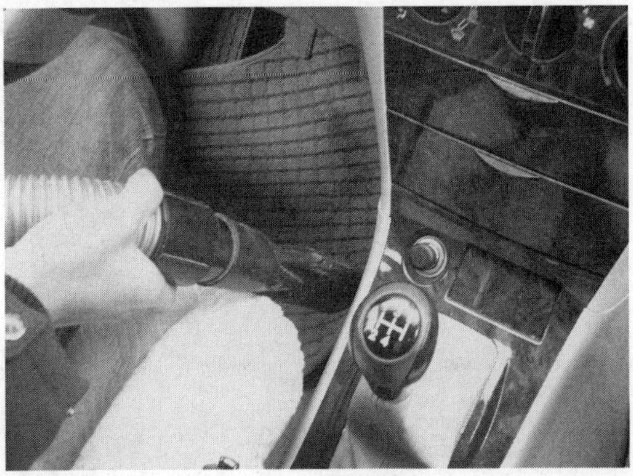

图 3-34　除去灰尘

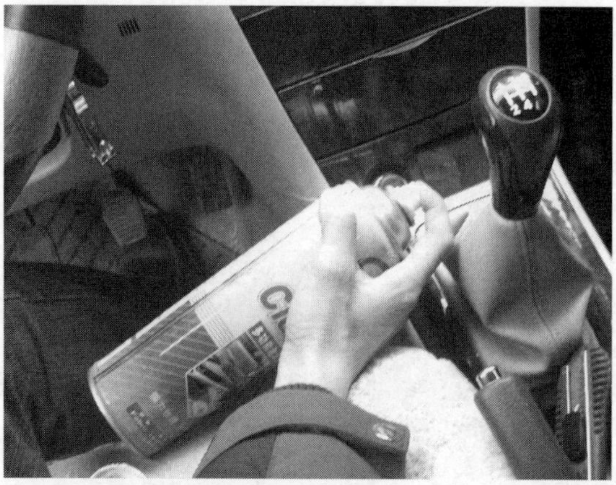

图 3-35　喷洒清洗剂

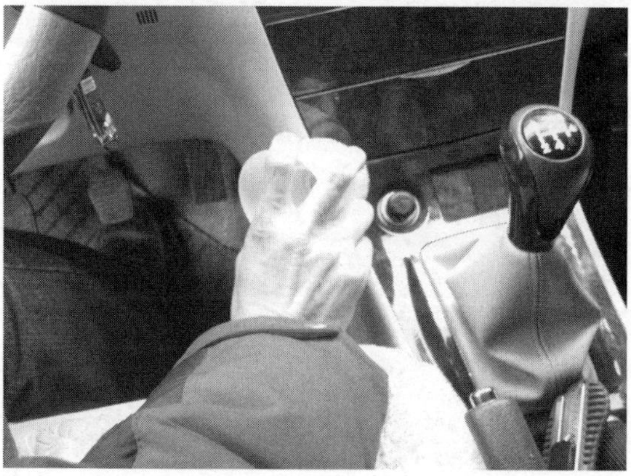

图 3-36　用刷子刷洗

五、空调通风口的清洁护理

空调通风口的材料多为硬质塑料，沾染的污垢简单，基本为粉尘、沙土的附着。沾染较为严重时，应先拆下栅格清洗。沾染较轻时，可按如下步骤清洗：

（1）用高温蒸汽干洗机、消毒机在空调通风口处将异味、污物彻底清除，如图 3-37 所示。

图 3-37　清除异物

（2）将适量的全能泡沫清洗剂或丝绒清洗剂喷在空调通风口处，如图 3-38 所示。可用小毛刷反复刷洗该处的栅格窗。

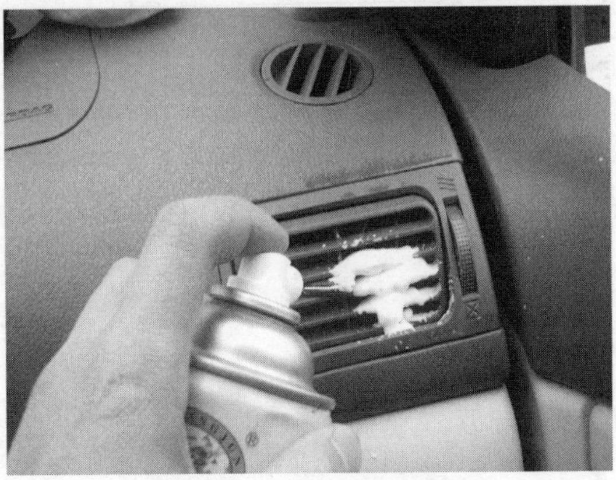

图 3-38 喷洒泡沫清洗剂

（3）用软布擦净空调的通风口，如图 3-39 和图 3-40 所示。

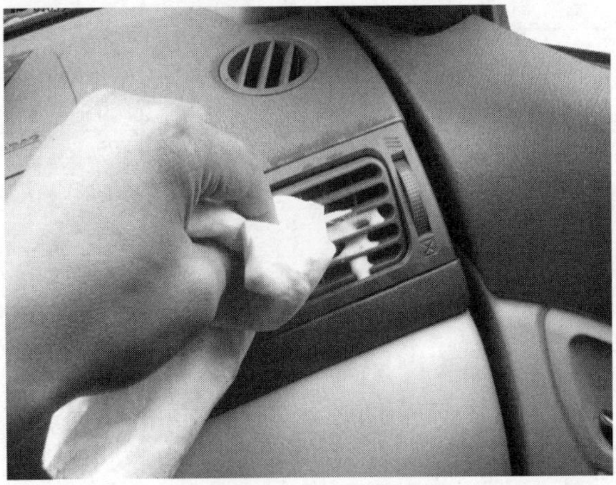

图 3-39 软布擦拭

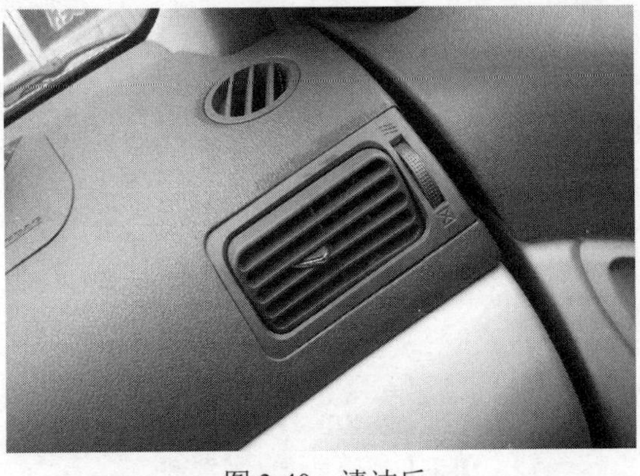

图 3-40 清洁后

任务三　汽车底部内饰的清洁护理

任务描述

汽车底部内饰清洁区主要包括离合器踏板、制动踏板、加速踏板、内衬、脚垫、地毯和行李箱地板等，这些都是车内最脏而且最容易滋生细菌的地方。汽车底部内饰清洁程度是汽车空气清新的重要指标。

相关知识

一、离合器踏板、制动踏板、加速踏板

离合器踏板、制动踏板、加速踏板等部件要认真进行清洁，特别是要清除上面的油脂类污垢，以免驾驶员在开车时脚底打滑，影响行车的安全性。具体步骤如下：

（1）用湿布将离合器踏板、制动踏板、加速踏板等部件擦干净，如图 3-41 所示。

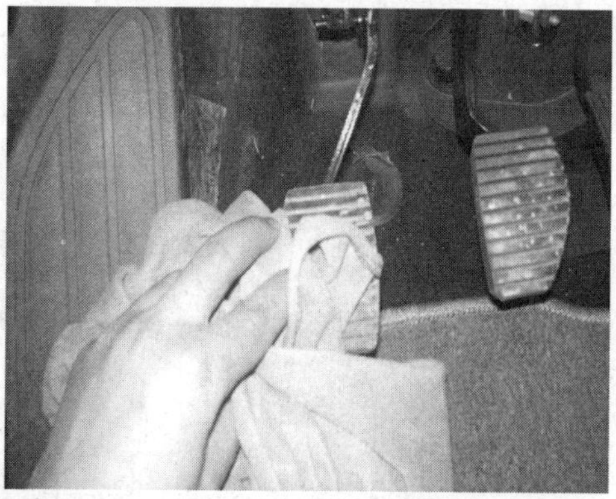

图 3-41　除去灰尘

（2）将适量的全能泡沫清洗剂喷在各踏板处，如图 3-42 所示。

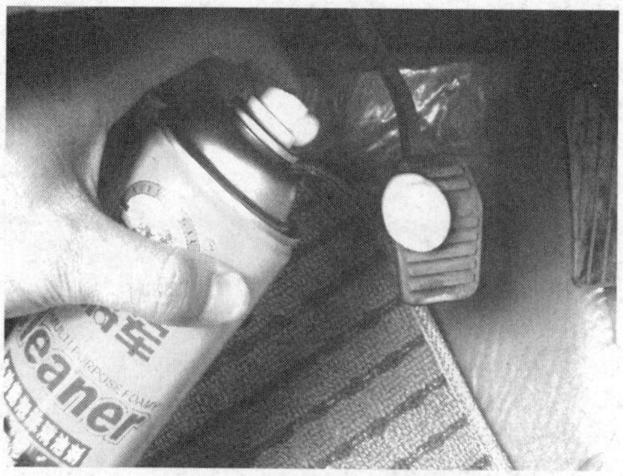

图 3-42　喷洒泡沫清洗剂

（3）用刷子反复刷洗各踏板，如图 3-43 所示。

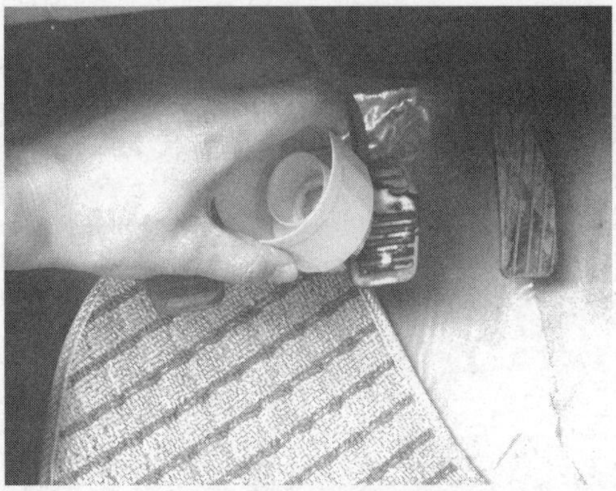

图 3-43　用毛刷刷洗

（4）用干净软布擦拭各踏板，直到干净为止，如图 3-44 所示。

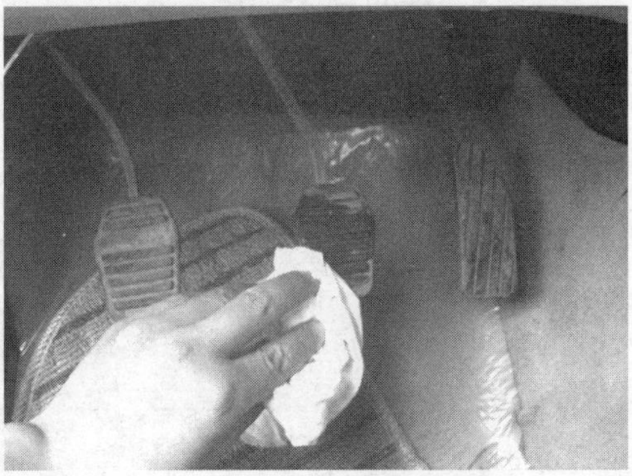

图 3-44　软布擦拭干净

二、内衬的清洁护理

（1）用吸尘器除去内衬处的灰尘。

（2）在车门内衬处喷洒适量的全能泡沫清洗剂，如图 3-45 所示。

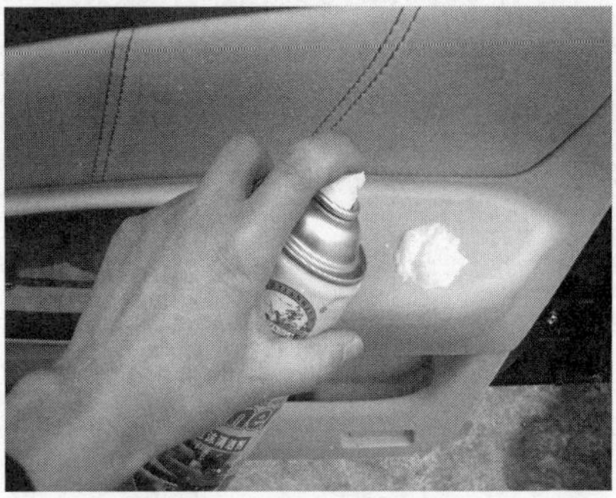

图 3-45　喷洒泡沫清洗剂

（3）用刷子或软布擦拭车门内衬，直到内衬光亮为止，如图 3-46 至图 3-48 所示。

图 3-46　稍等片刻

图 3-47　用刷子刷洗

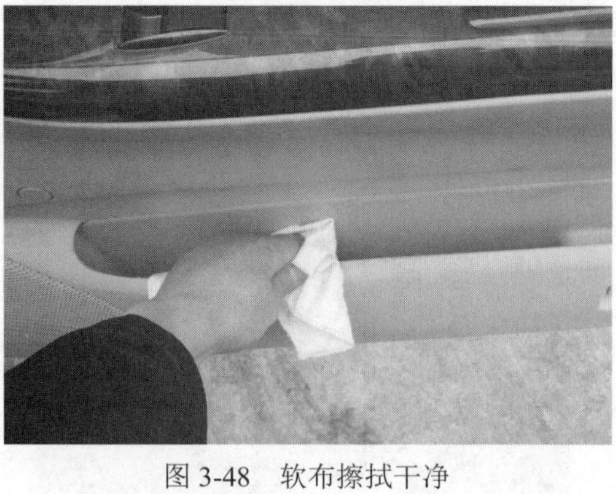

图 3-48　软布擦拭干净

三、脚垫的清洁护理

汽车里面的脚垫一般是活动的，可以随时取出。脚垫的材料一般是人造纤维或塑料胶质。

其清洁护理方法如下：

（1）从汽车里面取出脚垫，放在地上，如图 3-49 所示。

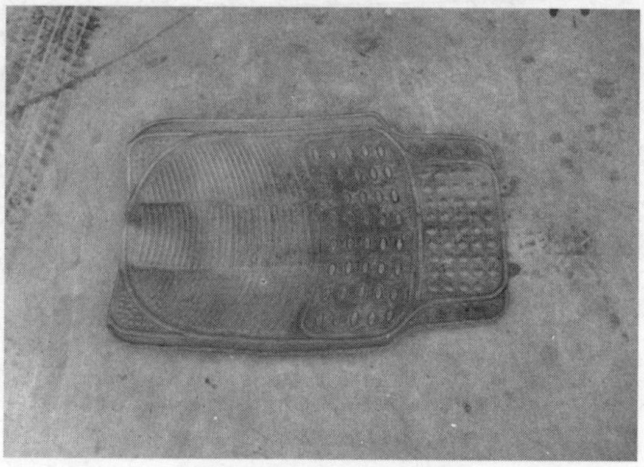

图 3-49　取出脚垫

（2）清洗脚垫。如果脚垫不是很脏，可以用高压水枪对着脚垫进行冲洗，如图 3-50 所示。

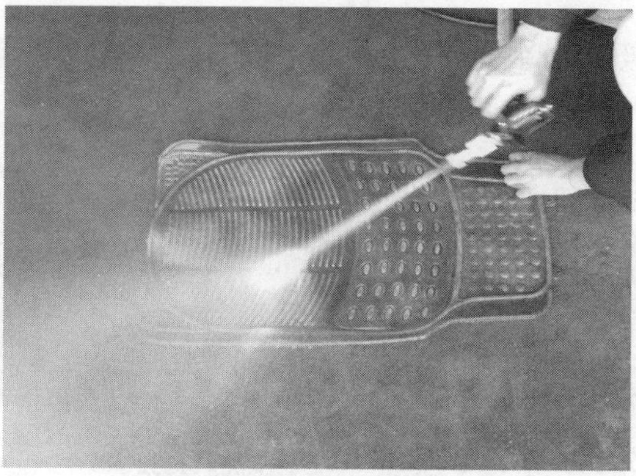

图 3-50　用水冲洗

如果脚垫较脏，可以喷上适量的清洁剂用刷子刷洗，然后用水冲洗干净，如图 3-51 和图 3-52 所示。

图 3-51　用刷子刷洗

图 3-52　用水冲洗干净

（3）脚垫的晾干。冲洗完的脚垫可以选择自由晾干的方式或者用脱水机对其脱水的方式。

四、地毯的清洁护理

（1）除尘处理。用吸尘器除去地毯区，特别是条纹、褶皱、死角处的灰尘，如图 3-53 所示。

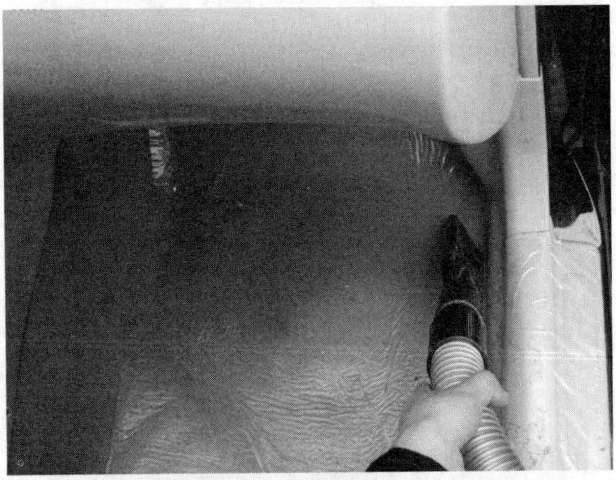

图 3-53　去除灰尘

（2）地毯的清洁。用丝绒清洗剂配合高温蒸气机进行干洗。对于地毯死角处的灰尘，可以采用人工清洁处理的方式，方法与任务一中讲过的“绒毛座垫手工清洗法”相同。

五、行李箱的护理清洁

行李箱是汽车放置大件物品的地方，车主根据自己的需要，装载的物品也不一样，所以容易产生泥沙、油污、小杂物等垃圾。此部位清理不够方便，不能用水直接冲洗，其具体的清理方法如下：

（1）清理行李箱中的沙粒、纸屑等垃圾。

（2）用吸尘吸水器除去行李箱，特别是条纹、褶皱、边角处的灰尘，如图 3-54 所示。

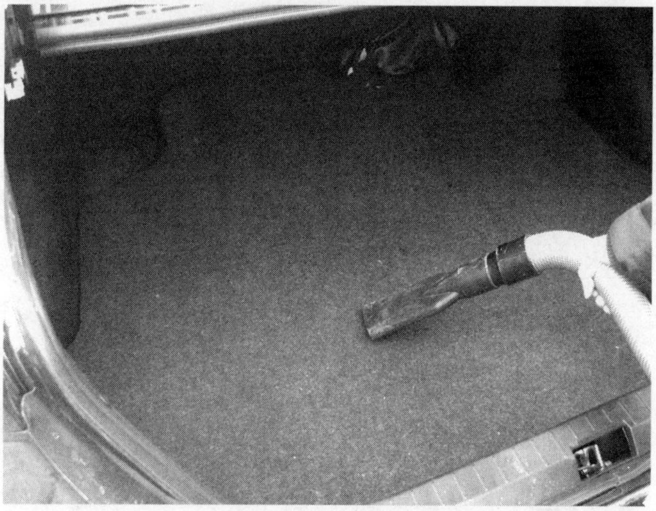

图 3-54 去除灰尘

（3）对于铺设胶垫的行李箱，可以用棉布蘸上清洁剂进行擦拭，如图 3-55 所示。对于铺设有丝绒地毯的行李箱可以按照地毯的清洁护理方法进行清洁护理。

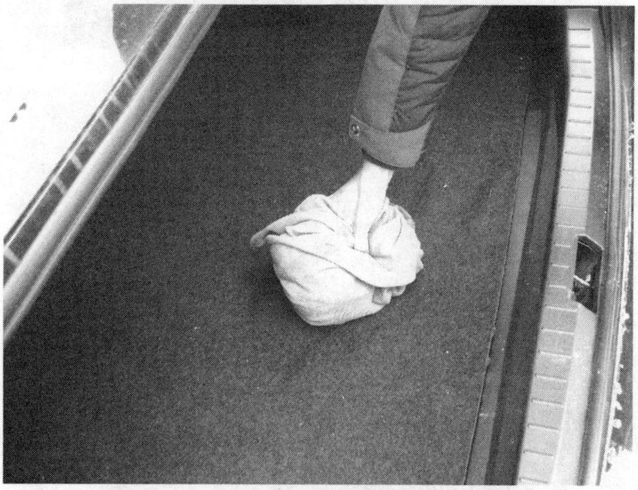

图 3-55 清除干净

任务四 车内空气的净化

任务描述

车内空气净化是在前面各项清洁的基础上进一步使车内空气清新的一项重要措施。空气净化的主要方式有高温消毒、喷洒空气清新剂以及臭氧杀菌和负离子杀菌等。

相关知识

一、车内空气净化的步骤

汽车各部位清洗完成之后，应再用蒸汽清洗机对室内进行高温消毒，然后再向室内喷洒除臭剂，净化车内的空气。另外，也可以将空气清新剂或者香水喷在空调通风口或地毯下面，然后启动发动机，打开空调 5 分钟左右，进行车厢内室的异味清除，最后打开车门让空气自然流通，即可消除车厢异味，如图 3-56 和图 3-57 所示。

图 3-56　向室内喷洒除臭剂（空气清新剂）

图 3-57　打开车门让空气流通

另外，夏季和冬季是汽车空调常用的季节，但许多车内空调启动时都使车内出现一种难闻的气味，这主要是因为空调经过较长时间的“休眠”，粘积在空调表面的污物腐坏而产生异味。这些异味可以用以下方法来消除。

（1）将除臭剂喷洒在空调通风口处，并对空调表面做一次清理。

（2）开启空调待其运转几分钟后关闭，再次向空调出风口处喷除臭剂。

（3）用空气清新剂喷洒车内。

（4）可在空调通风口处喷洒少许芳香型香水或者清新剂，这样在空调启动时不但没有臭味，还会有淡淡的香味。

二、光触媒技术及原理

1. 光触媒技术

光触媒技术也是一种清除车内异味、净化车厢空气质量的技术。

光触媒（Photocatalyst）是光（PhotoLight）+触媒（Catalyst，催化剂）的合成词，是一类以二氧化钛为代表的具有光催化功能的半导体材料的总称。

简而言之，光触媒即是光催化剂。所谓催化剂就是用于降低化学反应所需的能量，促使化学反应加快速度，但其本身却不因化学反应而产生变化的物质。

光触媒顾名思义是以光的能量来作为化学反应的能量来源，利用二氧化钛作为催化剂，加速氧化还原反应，使吸附在其表面的氧气及水分子激发成极具活性的OH-及O_2-自由基，这些氧化力极强的自由基几乎可分解所有对人体或环境有害的有机物质及部分无机物质，使其迅速氧化分解为稳定且无害的物质（水、二氧化碳），以达到净化空气、杀菌、防臭的功用。

2. 光触媒的原理

光触二氧化钛见光会产生正、负电子。正电子与空气当中的水分子结合产生氢氧自由基。实践证明，氢氧自由基具有强大的氧化分解能力，它能分解几乎所有的有机化合物和一部分的无机物，将它们分解成无毒的二氧化碳和水，而负电子与空气中的氧结合产生活性氧，即超级氧化离子。超级氧化离子也具有很强的氧化分解能力，它可以破坏细菌这些有机物的细胞膜，固化病毒的蛋白质，在杀菌的同时分解细菌尸体上释放出的有害复合物。此外，二氧化钛（TiO_2）的超亲水性，使其能在光和水的作用下将物体表面的灰尘、油污去除，达到自洁的功能。

3. 光触媒的特点

（1）杀菌效率高。

（2）净化效率高。

（3）除臭效率高。

（4）涂膜性能优良。

（5）应用范围广。

（6）能吸收利用部分可见光。

（7）具有进行暗处的抗菌净化性能。

（8）亲水防污能力强。

（9）无毒无害。

（10）功能持久。

4. 光触媒的功能

（1）净化空气功能。

（2）除臭功能。

（3）防污自洁功能。

（4）亲水防雾功能。

（5）杀霉抗菌功能。

（6）防霉抗藻功能。

（7）防紫外线功能。

5. 光触媒材料的用途

（1）工业材料。

（2）表面处理。

（3）防污涂料。

（4）空气净化。

（5）水处理。

（6）环境保护。

（7）环境卫生废弃物处理。

（8）废弃物处理。

（9）亲水材料及制品。

6. 使用注意事项

使用光触媒前应充分摇匀，在距离喷涂表面 30～40cm 处凌空喷涂，不能直接对准表面喷涂。先在车内大面积喷涂一次，待干净后再喷一次。

请勿过量喷洒光触媒，以免车内深色内饰发白。喷涂过程中如果出现白色乳液点，即用湿布擦拭。

光触媒禁用于玻璃、反光镜和皮革制品。

项目小结

汽车内饰件主要由纤维、皮革、塑料、橡胶等材料制成。这些内饰件在汽车使用过程中会被腐蚀和污染，导致性能退化。其主要表现：纤维件容易被尘埃脏物污染及氧化褪色；皮革件易出现磨损、老化、退色等；塑料件在风吹日晒的情况下会氧化而失去光泽。所有这些都会影响汽车的舒适性和美观性，并缩短其使用寿命。同时汽车的内部空间在使用过程中容易受到沙土、水渍、汗渍、烟尘等因素的影响，使得丝绒座椅、地毯及车内顶棚发霉，真皮老化，并产生难闻的异味，在特定的环境里还会滋生大量的细菌。因此，每过一段时间都必须对汽车的内饰件进行一次专业的清洁护理。

汽车内饰美容是一项细致的护理作业，因此，一定要遵守合乎规范的程序。其基本程序包括室内除尘、内饰件的清洁与护理和车内净化。内饰内容护理实施的工作程序基本如下：

1. 内饰除尘

除尘作业是内饰清洁工作的第一项工作，一般选用吸尘器及毛巾进行。在除尘时应遵循从高到低的原则。即首先进行顶棚的除尘，然后依次是侧面、座椅、仪表台、后平台及地毯等。

现在市场上常见的除尘器主要有便携型、家庭型和专业型三种。一般说来，专业除尘器的效果最好，使用较多。它具有较好的防水性，而且集吸尘、吸水、风干于一体，配有适于内饰结构的专业吸嘴，操作简单，吸力大，并可以与内饰蒸汽机配套使用。

吸尘器法进行车内整容的基本操作程序如下：

（1）准备好两用吸尘器及附件。

（2）先将车厢内的杂物及大型垃圾取出，包括脚垫、座椅、椅背、腰背靠垫、录音带、钱币、拐子锁等。

（3）用高压水枪或水柱清洗脚垫污秽面并风干，如果脚垫两面都一起浸洗过，可以用脱水机脱水后再风干。

（4）将后座底座拆下，双手伸入后背垫下方再往外翻。

（5）脱离座椅下的固定钩。

（6）拉起后背椅背的按钮。

（7）拆下后椅背上的固定螺栓。

（8）用吸尘器吸除前室底板的灰尘及沙粒。

（9）用吸尘器吸除后座底板及座椅下的灰尘及沙粒。

（10）如果不拆下后椅座，也可吸除其座椅面上的灰尘及沙粒。

（11）吸除后风窗玻璃下方及后椅背板上的污物，如面纸屑或蚊虫等。

（12）吸除车门板下置物槽内的污物。

（13）用吸尘器除去置币槽及音乐带槽污物，并擦拭干净。

（14）用清洁的湿布擦拭车内与脚部易接触的部位。

（15）用清洁的干布擦拭前仪表板上的灰尘及前后风窗玻璃上的污物。

（16）用透明的胶布做底以隔绝沙粒灰尘沉入地毯中，且日后清理更方便。

（17）用吸尘器清理后行李舱内的灰尘。

（18）用吸尘器清除后窗玻璃水沟内的污物。

（19）用清洁布清除车门窗除雾通风口和自然通风口上的灰尘。

（20）用清洁湿布擦拭灯及仪表板各处。

（21）用吸尘器清除座垫上的灰尘。

（22）用吸尘器清洁地毯。

2. 内饰件的清洁护理

清洁作业在除尘后进行，目的是清除附着或浸渍在车内饰件表面的污物。基本用品是毛巾及有关清洁护理品。在车内清洁时也要遵循由高到低的原则，即从顶棚到纤维织物、真皮座椅、玻璃、仪表板、门边、最后是清洁地毯、脚垫等。

3. 内饰净化

除尘及清洁作业主要是清除灰尘及污迹，对于室内有害细菌无法彻底清除，为此，在车内美容中要进行高温蒸汽杀菌或喷施空气清洗剂等。

4. 塑料、皮革上光保护

使用专门的塑料、皮革上光保护用品对其进行上光保护。根据产品不同，可采用擦除和喷施的方法。无论采取哪种方案，都要注意涂抹的均匀性。

汽车内饰清洁应注意的事项：

（1）使用适当的清洁剂。

（2）不要随意混合或加温使用车饰清洁用品。

（3）对不熟悉的产品应先测试后使用。

（4）车饰件上有特殊的污迹时，如焦油、油漆、机油等，不可用力擦拭，应选用专业清洁剂进行清洗。

（5）清洁作业时，喷上清洁剂后要稍等片刻才可进行擦拭。擦拭方向要求只能单向运动，以保持光线漫射面一致。

（6）如有需要，可对清洗过的较难干燥的饰件进行烘干处理，有利于防止发霉。

项目训练

一、选择题

1．汽车内饰件不包括（　　）材料。

A．纤维　　B．皮革　　C．塑料　　D．天窗

2．以下除尘器中，除尘效果较好的是（　　）。

A．便携式　　B．家庭式　　C．专业式

3．车内顶棚的清洁护理用（　　）方法。

A．手工清洁　　B．机器清洁　　C．手工和机器清洁

4．在使用清洗机时，应把蒸汽压力调至（　　）。

A．0.35MPa～0.4MPa　　B．3.5MPa～4.5MPa　　C．5MPa～6MPa

二、判断题

1．丝绒清洗剂具有清洁、柔顺和着色三种功能。（　　）

2．使用塑料护理剂对转向盘进行上光护理时，先拆下护套，然后再清洗。（　　）

3．在清洁置物箱时，可使用吸尘器先吸出里面的灰尘。（　　）

4．清洁汽车整个内饰件后，应该进行车内空气净化处理。（　　）

5．清理皮革材料的内饰件后，应进行上光处理。（　　）

三、简答题

1．车内顶棚的清洁方法有哪些？

2．空调通风口清洁护理的方法有哪些？

3．如何对地毯进行除尘和护理？

4．怎样正确使用吸尘器？

5．车内空气净化的注意事项有哪些？

项目四 汽车车窗贴膜

项目导读

炎炎夏日，骄阳似火。即使有空调，车内的温度也相当高。如果将车停在较强的阳光下一段时间，车内更是热不可耐。强烈的紫外线令人眩目不适，对眼睛和皮肤伤害极大，严重地影响了车辆的乘坐舒适性。

普通的车窗玻璃既不能遮光又不能隔热。带色的玻璃虽然能遮光，但也不能隔热。近年来一种既能隔热又能遮光的浅色薄膜（车窗膜或隔热防爆膜）应运而生，深受广大车主的欢迎。这种薄膜销量长盛不衰，为汽车美容行业带来了巨大的经济效益。

任务一　车窗贴膜的基本知识

任务描述

通过学习车窗贴膜的基本知识，了解车窗膜的作用、分类及鉴别方法，做到理性选择，专业操作。

相关知识

一、车窗贴膜的作用

车窗贴膜就是在车窗的内侧贴上一层聚酯膜，以达到预期的目的。贴膜之所以如此流行，是由于它并不是可有可无的，而是有着切切实实的作用。车窗膜的作用如图 4-1 所示。

1. 时尚美观

不同的汽车车身的颜色各不相同，但汽车玻璃的颜色却千篇一律。要想改变玻璃的颜色使其与车身颜色搭配一致，贴膜是最好的选择。这样不仅能增加车身的美观，而且能体现出车主与众不同的品味。

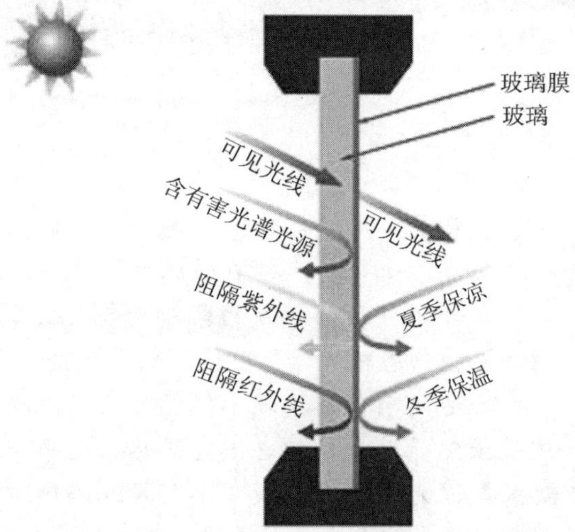

图 4-1　车窗膜的作用

2. 阻隔热量

夏天，汽车三分之一的燃油用于空调制冷，而粘贴了隔热车膜的汽车则可以把这部分油耗降低 30%左右。这是由于隔热车窗膜能够很好地阻隔太阳光中的红外线（红外线是太阳光中热量主要的分布区域），从而很好地阻隔热量，营造舒适的车内环境。

3. 阻隔紫外线（UV）

过多暴露在紫外线下对人体的健康来说是非常有害的。紫外线几乎无处不在，对于很多车主来说，每天会在车上度过相当长的时间，给车窗贴上能阻隔紫外线的窗膜，就能够有效地保护车主不受紫外线的伤害，同时也能够避免车内橡胶件、塑料件等因紫外线的照射而老化。一般来说，车窗膜能够隔断98%以上对人体有害的紫外线，大部分正规生产的窗膜均具有此特点。

4. 防止玻璃飞溅

20 世纪中期以前，在发生的汽车伤亡事故中，由于破碎的车窗玻璃发生飞溅而造成的人员伤亡是首要因素，如何对其进行防范成了汽车安全的一大难题。现在，如果汽车贴了防爆膜，当发生事故导致车窗玻璃破碎时，强力的窗膜和胶粘剂能够牢牢粘住破碎的玻璃，防止其飞溅，可起到保护人身安全的作用，如图 4-2 所示。

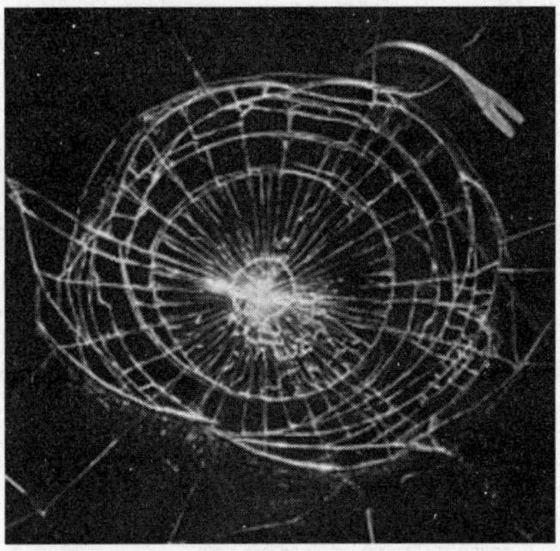

图 4-2　贴防爆膜的玻璃发生破碎

5. 保护隐私

在不影响车内视线的前提下，车窗膜能够很好地阻挡车外的视线，这是由车窗膜的单向透视性决定的。这一特性大大提高了汽车的隐私性，不仅对于个性含蓄的车主有必要，对于大多数送货物的车主也有着很实际的作用。

6. 防眩目

驾驶室贴有窗膜的汽车，车窗膜能够使后面其他车发出的刺眼大灯灯光变得柔和。这样，在夜间行车时，就可以避免由于倒后镜反射大灯灯光造成的眩目，从而提高夜间行车的安全。

二、车窗膜的种类与基本结构

1. 车窗膜的种类

（1）防晒车窗膜和防爆隔热膜等。普通车窗膜是一种染色膜，不含金属成分，只能降低透光度，保持车内空间的隐蔽性，时间一久就会慢慢退色，这种膜不仅隔热效果差，对视线影响也大；防晒车窗膜是一种“半反光纸”，其隔热率大约为 40%～50%，使用一两年后表面便会起氧化反应而发生变质；防爆隔热膜具有耐磨、半反光和防爆功能，隔热率可达 85%以上。

（2）车膜按颜色可分为自然色、黑色、茶色、天蓝色、金墨色、浅绿色和变色等品种。

（3）车膜按产地可分为进口车膜和国产车膜。

1）部分进口车膜的品种及特性如表 4-1 所列。

2）美国 USL 汽车防爆车窗膜的种类及特性如表 4-2 所列。

表 4-1　部分进口车膜的品种及特性

产品系列	产品代号	透光率/%	隔强光率/%	防紫外线率/%	防爆效果
美国 3M 系列	6330	35	60	98	
	7710	21	76	99	性能优良
	8383	35	58	98	
	9010	30	70	99	性能优良
美国 MADICO 系列	AL-21	21	85	99	性能优良
	AL-25	25	85	99	
	AL-28	30	75	99	
	AL-35	35	85	99	性能优良
	AL-320	35	85	99	性能优良
	AL-321	35	85	99	性能优良
	AL-300	30	70	99	
	自然色-366	30	75	99	
日本 FSK 系列	500S	35	82	99	性能优良
	600S	25	85	99	性能优良
	035S	35	80	99	性能优良
	035BL	35	75	99	性能优良
	835BR	35	78	99	性能优良

表 4-2　美国 USL 汽车防爆车窗膜的种类及特性

序号	型号	颜色	特性说明
1	CA3000	金墨绿（深色）	钛离子合金超强防爆、耐磨、永不退色，隔热率（含玻璃）92%，隔紫外线率 98%
2	CA4000	自然色（浅色）	不锈钢超强防爆、耐磨、永不退色，隔热率（含玻璃）85%，隔紫外线率 98%
3	CA5000	自然色（透明）	透明度 68%，反射率 12%，超强防爆，隔热率（含玻璃）80%，隔紫外线率 98%
4	C009	天蓝色（浅色）	不锈钢超强防爆、耐磨、永不退色，隔热率（含玻璃）84%，隔紫外线率 98%
5	C010	茶色（深色）	不锈钢超强防爆、耐磨、永不退色，隔热率（含玻璃）88%，隔紫外线率 98%
6	C011	自然色（深色）	不锈钢超强防爆、耐磨、永不退色，隔热率（含玻璃）88%，隔紫外线率 98%
7	C016	自然色（浅色）	真空喷镀制造，耐磨、永不退色，隔热率（含玻璃）88%，隔紫外线率 98%
8	C017	海水绿（浅色）	真空喷镀制造，耐磨、永不退色，隔热率（含玻璃）60%，隔紫外线率 98%

续表

序号	型号	颜色	特性说明
9	C019	自然色（浅色）	真空喷镀制造，耐磨、永不退色，隔热率（含玻璃）63%，隔紫外线率 98%
10	C022	香槟色（浅色）	18K 金真空喷镀制造，耐磨、永不退色，隔热率（含玻璃）72%，隔紫外线率 98%
11	蓝钻		真空喷镀制造，三层超强防爆，隔热率（含玻璃）92%，隔紫外线率 98%
12	黑钻		真空喷镀制造，三层超强防爆，隔热率（含玻璃）92%，隔紫外线率 98%

2. 车窗膜的基本结构

不同的车窗膜结构差异较大，即使同为防爆隔热膜其结构也不尽相同。如 3M 汽车防爆隔热膜主要由透明基材、“易施工”胶膜层、感应式粘胶层、隔热膜层、安全基层及耐磨外层组成。Llumar 防爆隔热膜主要由保护膜、防粘层、安装胶、紫外线吸收剂、深层染色聚酯膜、合成胶、金属层、防划伤层等组成。

还有一种高科技车膜叫纳米太空膜，这种车膜对光线进行选择性的吸收。它对紫外线的阻隔率接近 100%，对红外线的透过率为 20%，而对可见光的透过率则达 80%以上。纳米太空膜与众多防爆膜采用的“金属反射”的原理不同。防爆膜是通过金属对光的反射与散射，达到隔热防晒的目的，因此这种金属膜具有单面透光性，也就是通常所看到的汽车贴膜后里面看得到外面，而外面却看不到里面的“镜面效应”。由于纳米材料是有选择性地透过可见光，同时能反射紫外线、红外线等对人体有害的光线，所以可以形象地将纳米太空膜比喻成“筛子”。另外由于材料不同，纳米膜不易发生金属膜那样的退色现象。

三、车窗膜的性能指标

1. 清晰性能

这是汽车车窗膜最重要的性能，因为清晰性能直接关系到人身安全。无论车窗膜的颜色多深，在夜间倒车时，应该视野清晰而不模糊，从后视镜和后风窗能看到 60m 以外的物体。而劣质膜拿起来看时，会有雾蒙蒙的感觉。

2. 隔热率

隔热率是体现车窗膜隔热性能的重要指标。目前优质的防爆膜隔热率在 50%以上（更高的可达 70%以上），高隔热性可提高舒适性，降低空调负荷，节省燃油。

3. 防爆性能

防爆是指在汽车发生意外事故时，不会产生玻璃的飞溅而造成人身伤害。这也是汽车车窗膜的一个重要性能。当车窗膜满足防爆要求时，应是越薄越好。膜片越薄，清晰度越高。

4. 紫外线隔断率

对于防爆车窗膜来说，紫外线隔断率必须达到 80%以上。好的车窗膜能有效防止乘车人员被过量的紫外线照射，灼伤皮肤，同时，还能保护车内音响及其他装饰不被晒坏、退色老化，而劣质膜很多没有这一指标，或者紫外线隔断性能很低。

5. 颜色

防爆车窗膜通常采用本体渗染和溅射金属着色的方法使膜有颜色，纯溅射金属车窗膜有金属色的称为自然色。采用这两种方法着色的车窗膜是不易退色的，尤其是自然色的车窗膜。但市场上很多低档劣质车窗膜，大多采用粘胶着色法来着色。这种车窗膜不耐晒而且很易退色，严重的会变成无色透明。

6. 胶与颗粒泡

胶当然是越薄越好，因为胶会老化，胶层越厚老化越快，会影响车窗膜的寿命，更重要的是会影响膜的清晰性能，所以高质量膜的胶层都极薄。

颗粒泡是由于空气中漂浮的尘埃产生的，在贴膜过程中是不可避免的。胶层厚了，贴膜时能将尘埃压进胶里，所以颗粒泡并不明显。高质量车窗膜的胶层很薄，颗粒泡就比较明显。这也是区分车窗膜好坏的一个重要方法。

7. 防眩光

防眩光就是在面对阳光开车，或夜间会车时，可消除刺眼的感觉。对于汽车车窗膜来说，这个性能也很重要。

8. 膜面防划伤层（耐磨保护层）

优质高档的车窗膜表面都有一层防划伤层，在正常使用下能保护车窗膜面不易划伤，而低档车窗膜就无此保护层，在贴膜时就会被工具刮出一道道划痕，令车窗膜面不清晰。

3M 汽车防爆隔热膜的优良性能见表 4-3。

表 4-3 3M 汽车防爆隔热膜性能

特点	优点	益处
专用的抗撕裂、抗穿透聚酯薄膜	是玻璃的安全屏障，使玻璃更坚韧；使玻璃更具抗穿透性；强度超过标准薄膜	减少破碎玻璃伤害，有助于人身财产安全
3M 强力清澈的粘胶	如玻璃破碎可将玻璃碎片粘在一起，粘接持久，经久耐用	可减少破碎玻璃伤害，有助于人身财产安全，持久的透明度及保护性能
坚固的丙烯酸耐磨涂层	耐擦洗	久用如新
独特的易施工粘胶层	施工更易清洁	可保持车窗良好的透明度和视觉性
隔断紫外线层	可阻挡紫外线光，使薄膜不受紫外线破坏	大大减少车内物品、装潢退色，薄膜经久耐用，常保清澈透明
超薄金属涂层	可隔断太阳热，能隔断眩目	可大大减少车内物品、装潢退色，降低能耗（省钱）
3M 的品质保证	具有优异品质，不变色，玻璃不会因热应力破碎，3M 技术支持	令客户无后顾之忧

四、车窗膜的选择与鉴别

1. 通过感觉器官来判断

（1）看。

1）看透光率。优质车窗膜的可见光透过率可高达 80%以上，而且不论颜色的深浅，都非常均匀，从窗膜向窗膜的保护层一侧看过去清晰度极高，不会影响正常的视线。车窗膜（尤其是前排两侧窗的膜）应选择透光率在 85%以上较为适宜，而且要能降低其他车辆前照灯光线的炫目程度。一般来说，贴膜后从倒后镜需能看清楚后面 60 米的情况。

2）看颜色。防爆隔热膜是一种高科技产品，它采用金属溅射工艺，将镍、银、钛等高级金属涂于高张力的天然胶膜上，无论在贴膜过程中还是在日后的使用过程中都不会出现掉色、退色现象。防爆隔热膜的颜色多种多样，再加上自然柔和的金属光泽，令防爆隔热膜可以搭配各种颜色、款式的汽车。普通膜和防晒车窗膜是将颜色直接融在胶膜中，撕掉上层塑料纸后，用力刮粘贴面，会有颜色脱落现象，这种膜使用一两年就会退色。选择与车身搭配合适的膜也需要看车辆的用途，如果车辆不是主要用于载货，应尽量选择浅色的膜，如绿色、天蓝色、灰色、棕色、自然色等，无论从车外还是从车内看起来都会很舒服。

3）看气泡。撕开车膜的塑料内衬后再重新合上，劣质车膜会起泡，而优质车膜完好如初，经久耐用，不易变色。

（2）摸。劣质膜手感软而脆，很容易发生褶皱；防爆膜一般比较厚且硬，主要是因为膜中有数层纵横交错的聚酯膜层；隔热车窗膜则相对较薄且柔软，表面手感平滑。

（3）三闻。劣质膜选用质量比较差的材料，做工粗糙，在撕开保护层之后会有很难闻的胶臭味。这股胶臭味在贴膜后仍然存在，会长期影响车厢内的气味。

（4）试。车膜的一大作用是隔热。最简单的测试方法是直接体验。很多贴膜专门店会有隔热试验架。架上的玻璃已经贴有车窗膜，当旁边的数盏 500W 的太阳灯打开时，就能很清楚地用手感觉到有膜和无膜，以及不同膜之间的隔热效果区别。另外，把膜撕开保护层之后在粗糙的地面上来回刮几下，好膜能够不退色，差的膜会失去原有的颜色。

当然，在实际选膜时还会有其他的考虑因素，如车主的性别、年龄及个人喜好，具体车型的搭配等。

2. 通过膜的质量认定书来鉴别

很多知名品牌的膜都有质量认定书，只要选用了该品牌的膜，在施工后会得到质量保证和维修承诺。而冒牌产品、水货、串货都没有正规的质量认定书。

如 3M 公司通过授权施工中心向能出具质量认定车的车主提供原厂 5 年品质保证。车主在贴膜后把申请卡寄回 3M 公司。3M 公司在收到申请卡后，即直接向车主寄送 5 年品质保证书。其他的知名品牌也有类似的质量保证。

另外，窗膜的质量认定要有质量认定机构来认定。比较有名的质量认定机构有 ISO 国际品质认证、中华人民共和国交通安全产品检测、日本 JIS 品质认证、美国隔热协会 IWFA 技术认证等。

五、车窗膜的品牌

1. 美国雷朋

美国雷朋公司是专业隔热纸的制造厂家，它生产的汽车防爆车窗膜具有优良的私密性、防护性、单向性和防爆性能，性价比较高，属于中档偏上的膜，市场占有率高。参考价格：1500～4000 元/辆。

2. 美国 3M

目前，3M 系列产品在中国已被广泛认同，其中 3M 防爆车窗膜系列产品，以其优良的透视性、隔热性和防爆性能，受到广大业内人士及车主的青睐。其颜色很经典，但颜色种类较少，偶有假货。参考价格：1300～10000 元/辆。

3. 美国强生

该品牌性价比不错，抗划性好。但是现在市场上有仿制品，且不好分辨，而且市场占有率较低。参考价格：2000 元左右/辆。

4. 威固

威固是市场上公认的比较贵的膜，隔热效果和抗紫外线效果不错。但是这个牌子的膜对手机信号有屏蔽作用，而且质地比较软，抗划性不是很好，膜上容易有严重划痕，不适合弧度较大的车型。参考价格：4000～10000 元/辆。

5. 优玛

优玛品牌属于中档，性价比好，隔热效果不错，抗划性也很好，厂家核实授权店。但由于进入市场比较晚，知名度不是很高，且保质期较短。参考价格：1200 元左右/辆。

6. 日本 FSK

日本 FSK 系列防爆车窗膜采用多层钛铬金属成分，电感涂层，能有效隔离强光，抗击紫外线辐射危害。FSK 防爆膜经日本通产省化学技术研究所防爆隔热测试合格，荣获 JIS 标准认证，属于高档膜，隔热透光效果相当好，而且会根据光线强弱变色，有“变色龙”之称。参考价格：4000～6000 元/辆。

7. 美国 USL

美国 USL 系列汽车防爆车窗膜产品以优质、品种齐全、颜色丰富见长。

任务二 车窗贴膜施工场地及工具

任务描述

车窗贴膜要求最终的施工效果必须无尘或有极少的灰尘。这除了要求施工者有很纯熟规范的操作手法之外，还对贴膜的施工场地和施工工具有严格的要求。

相关知识

一、车窗贴膜的施工场地

车窗贴膜施工场地的密闭性、温度和湿度决定了贴膜时周围空气中的尘粒密度。为了尽可能减少空气中的尘粒，应该让汽车在一个不太大的密闭空间里，并且降低周围环境的温度，提高周围环境的湿度。无尘贴膜室是能够满足这些要求的贴膜施工场地。在无尘贴膜室里面，有空调和自动洒水设备用于降温和增湿，贴膜室四周的玻璃墙和玻璃门可以有效防止外界的风沙，如图 4-3 所示。

图 4-3 贴膜施工场地

二、车窗贴膜的施工工具

车窗贴膜时所用到的工具很多，大多数都是专用工具。按用途来分可分为排水工具、裁膜工具、清洁和保护工具及热成型工具五种。排水工具有普通橡胶刮板、大橡胶刮板、超级橡胶刮板、大小三角刮板和钢片刮板，见表 4-4；裁膜工具有剪刀、界刀、卷尺、钢尺和手电筒，见表 4-5；清洁和保护工具有玻璃清洗剂、铲刀、毛巾、喷水壶、大小毛巾和防护膜，见表 4-6；热成型工具是热风机。

表 4-4 排水工具

序号	名称	用途	图示
1	普通橡胶刮板（一）	用于排水和刮平玻璃上的窗膜，可用于粘贴前或粘贴后，必须在表面湿润的情况下才能使用	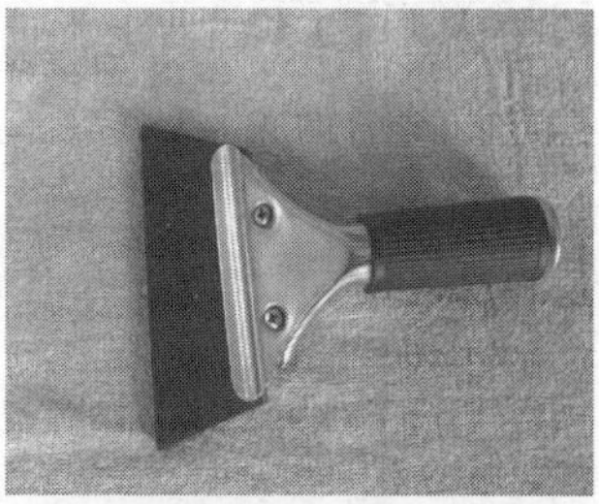
2	普通橡胶刮板（二）	用于排水和刮平玻璃上的窗膜，可用于粘贴前或粘贴后，必须在表面湿润的情况下才能使用	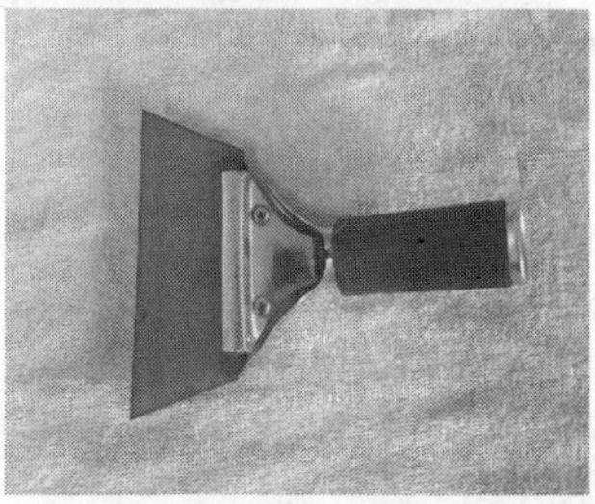

续表

序号	名称	用途	图示
3	塑料三角刮板	用于热成型时刮膜，贴膜时辅助窗膜插入密封条，贴膜后彻底排水	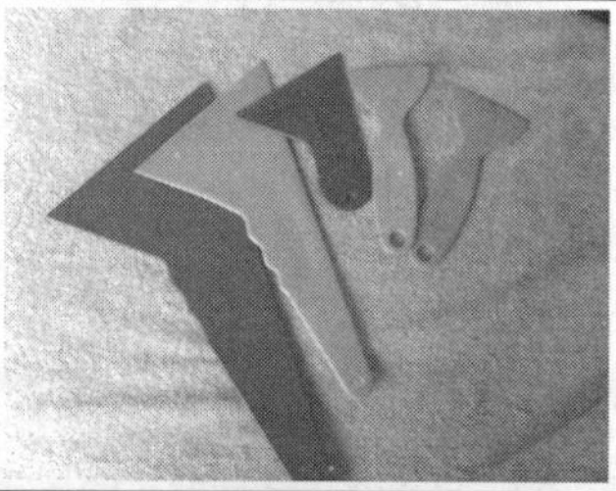
4	钢片刮板	用于清除旧胶和贴膜后修补折痕	

表 4-5　裁膜工具

序号	名称	用途	图示
1	剪刀和界刀	用于裁割窗膜，分开保护层	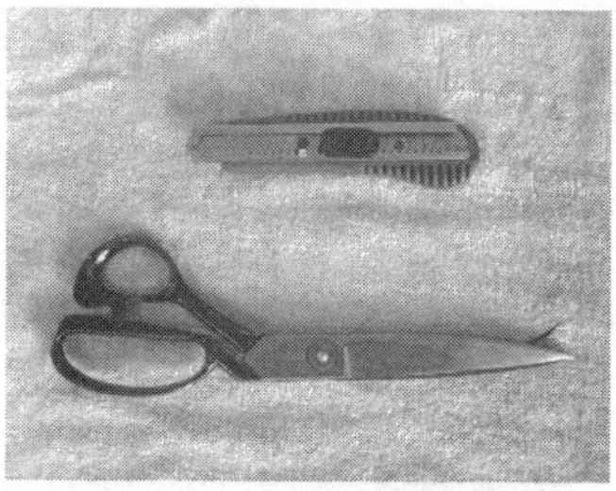
2	卷尺和钢尺	用于量取窗膜的尺寸，辅助裁割窗膜	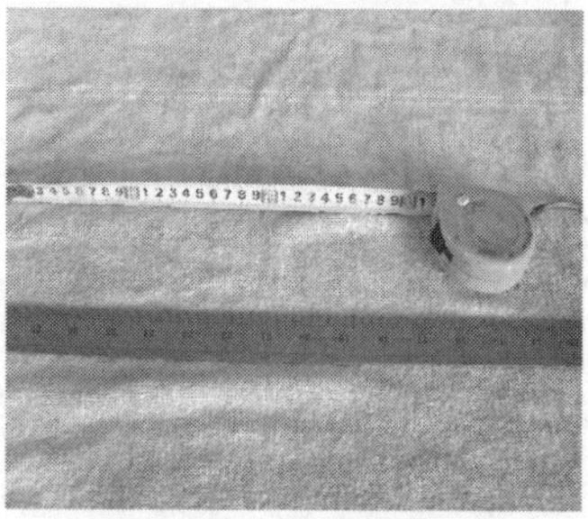
3	手电筒	用于细裁前后风窗玻璃时辅助照明	

表 4-6　清洁和保护工具

序号	名称	用途	图示
1	玻璃清洁剂	用于清洗玻璃	
2	铲刀	用于清除旧膜残留的旧胶	
3	毛巾	用于清洗玻璃密封条以及贴膜后润饰玻璃	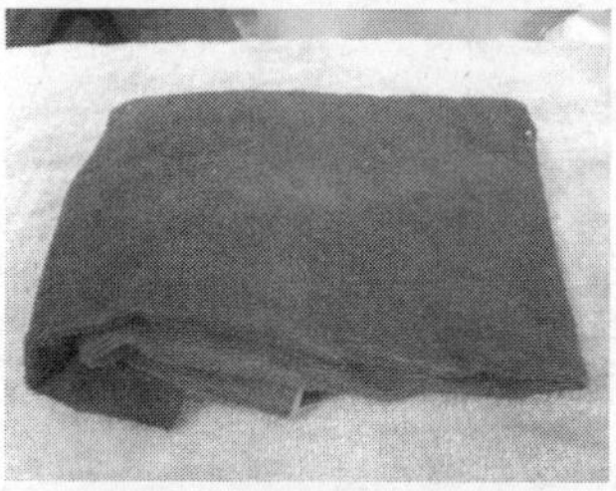
4	喷水壶	用于清洗玻璃和粘贴时装清洗剂和助贴剂	
5	大小毛巾	用于车身座椅垫放工具，防止仪表台和后风窗玻璃窗台贴膜时被水淋湿	
6	防护膜	用于防止车身被助贴剂淋湿产生难以清除的污迹	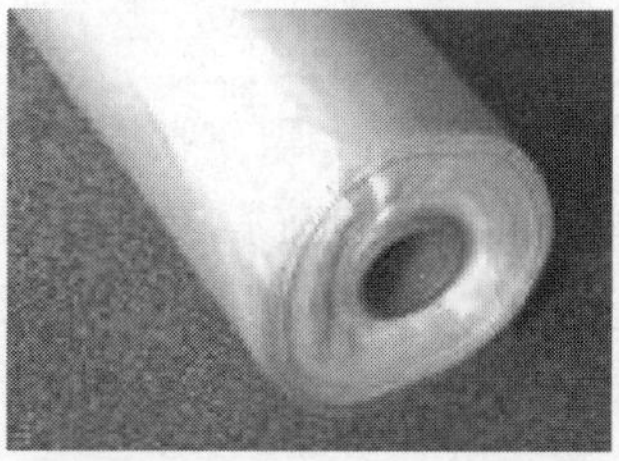

热成型工具主要是热风机，用于热成型时对窗膜进行加热，如图 4-4 所示。

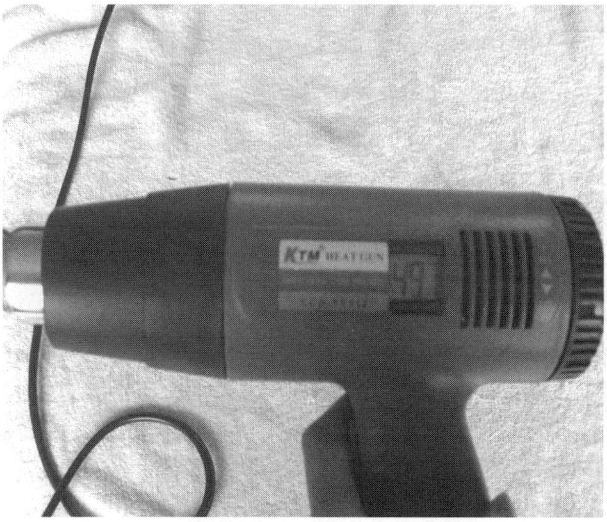

图 4-4　热风机

任务三　汽车侧窗贴膜的基本流程

任务描述

汽车侧窗窗膜的粘贴是汽车贴膜最基础的操作。因为侧窗窗膜的粘贴工艺对技术要求比较全面但难度比较小，所以初学者都是从侧窗贴膜开始学起。而在实际的汽车贴膜行业，师傅一般是先让学徒练几个月的三角窗贴膜。

相关知识

一、侧窗贴膜的工具及所需材料的准备和基本流程

1. 工具及所需材料的准备

热风机、喷水壶、大小棉毛巾、不起毛的擦洗布、擦洗垫、刀具和可替换刀片、清洗剂刮板和超级刮板、白塑料硬卡片、放工具的围裙、调制粘贴溶液、婴儿用洗发精、全能玻璃水。

2. 基本流程

学习汽车车窗膜的粘贴也应遵循由易到难、由浅到深的原则，先从侧窗的窗膜粘贴入手，再进入难度较大的前后风窗玻璃的窗膜粘贴。

在任何汽车美容施工前，要熟悉该美容项目的施工流程，以便于整体把握。侧窗贴膜的基本流程如图 4-5 所示。

（1）汽车检查（检查玻璃脏污程度、有无破损、确认其形状、弧度）。
（2）内外防护（防止助贴剂等液体污染车体和内饰）。
（3）玻璃清洗（防止玻璃内外留有沙砾划破窗膜或夹入灰尘）。
（3）取模（按玻璃形状裁剪出符合要求的膜型）。
（4）热成型（根据实际需要进行热成型）。
（5）窗膜粘贴（按正确的操作步骤粘贴窗膜）。
（6）润饰（清洁车身内外，进行最后的完工确认）。

图 4-5 侧窗贴膜的基本流程

二、侧窗贴膜前的准备工作

1. 车辆检查

贴膜之前，有必要对要进行施工的相关部位进行检查，这是避免完工后与顾客发生不必要的争执的有效方法。首先，要对玻璃表面进行检查，查看是否存在无法去除的污垢和伤痕，是否有造成玻璃破损的冲击点等；其次，要对车厢内待施工玻璃周围内饰件有无新破损情况进行检查，如图 4-6 所示。

图 4-6 车辆检查

2. 内外防护

由于贴膜中要使用大量的液剂，不可避免地会喷射到玻璃以外的地方，如车门外侧的漆面，内侧的布材、皮革、塑料件等处。专用的助贴剂会在这些部件上留下难以清除的痕迹。为了避免额外增加工作量，应该在贴膜前对这些部位进行必要的保护。

内部防护的工具材料一般是大毛巾。内部防护方式如图 4-7 所示。

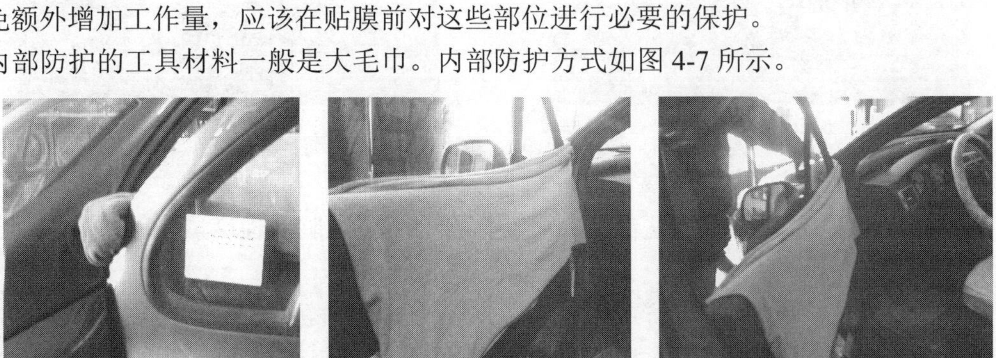

（a）（b）（c）

图 4-7 内部防护方式

项目四

外部防护的工具材料一般是带薄膜的防护胶带。外部防护方式如图 4-8 所示。

图 4-8　外部防护方式

注意：如果玻璃上或周围有影响施工的物件也应该在这个时候拆卸下来，如窗帘、挂饰、香水座等。

3. 玻璃清洗

玻璃清洗是贴膜过程中最繁琐但又非常关键的一项工作。因为贴膜以前的一系列取模成型时的步骤都是紧贴着玻璃进行的，这些操作容易导致污物留在玻璃上。而玻璃的清洁程度将直接影响着最后的粘贴效果。

当车身特别脏的时候，还应对车身进行清洗。

玻璃清洗前，应先调好清洗剂。有条件的应使用贴膜专用的玻璃清洗液与助贴剂。如果没有条件则可以使用沐浴露、洗洁精等既有清洁效果又有润滑效果的产品代替。使用前应按比例稀释，一般是 1:40 左右，调配清洗剂的方法如图 4-9 所示。

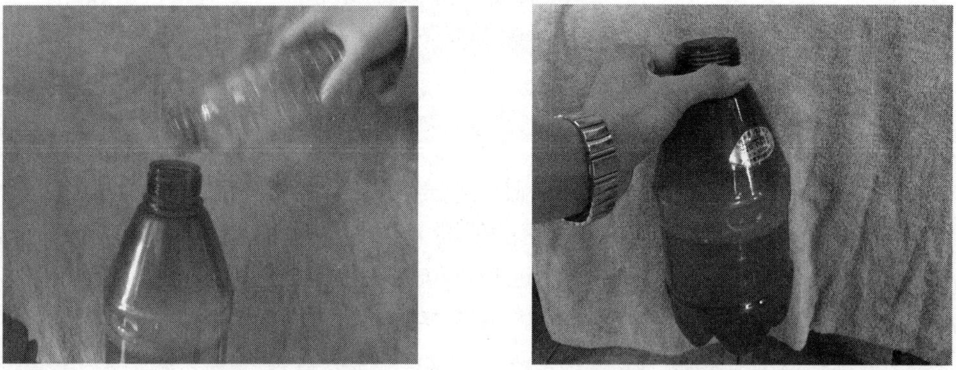

（a）　　（b）

图 4-9　调配清洗剂

并不是对所有玻璃的清洗方法都千篇一律，针对不同的脏污程度，采取不同级别的清洗方法。各清洗级别分述如下：

（1）普通级别。该级别的清洗适合普通级的玻璃，包括新车和使用时间不长、经常清洗车身的汽车玻璃。判断是否属于普通级可以用清水作泼水性试验，泼水性低则为普通级。

普通级的玻璃清洗方法是先喷清洗剂，再用普通橡胶刮刮水，操作方法如图 4-10 所示。

（a）　　（b）

图 4-10　玻璃清洗（普通级别）

（2）较严重级别。该级别的清洗适合于使用时间较长的车玻璃，具体表现为泼水性高，伴有少量污垢、颗粒粘附在玻璃上。

较严重级别的玻璃清洗方法是先喷清洗剂，再用三角刮板刮下脏物，操作方法如图 4-11 所示。

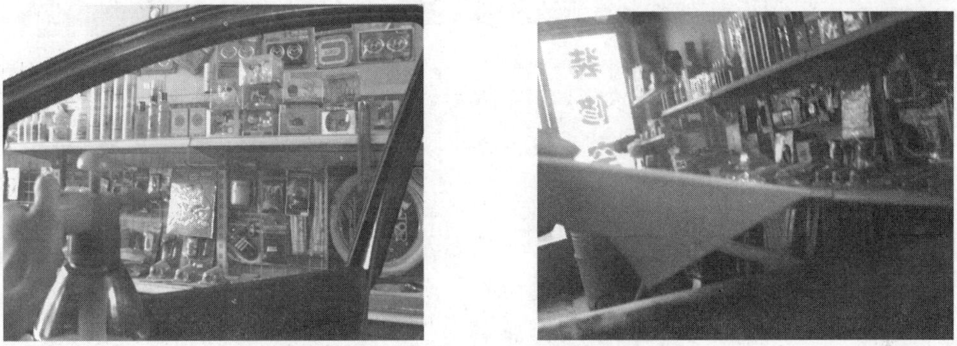

（a）　　（b）

图 4-11　玻璃清洗（较严重级别）

（3）极度严重级别。该级别的清洗适合于长时间粘有旧膜，旧膜撕下时不彻底，残留大量旧胶的玻璃属于这种级别。这种玻璃是最难清洗的，需要用铲刀刮下旧胶，必要时还需要使用具有溶胶性的清洗剂（如开蜡水、柏油去除剂等），其清洗方法如图 4-12 所示。

（a）　　（b）　　（c）

图 4-12　玻璃清洗（极度严重级别）

玻璃边框四周无论是内侧还是外侧，都容易藏污纳垢，而简单的清洗只能去除表面的部分污垢，无法彻底清除。贴膜时，当膜伸进边框后，如果此时有气笋产生，在气笋生成时会吸入水分和空气，从而将边框中的尘垢吸入窗膜与玻璃之间，所以要清洗彻底。清洗方法如图 4-13 所示。

（a）（b）（c）

图 4-13　清洗玻璃边框

用湿布包起三角刮板，在布上喷洒清洗剂，把三角板插入橡胶密封条内，沿密封条往复清除里面的尘垢。

一般的汽车玻璃都贴有标签，如图 4-14 所示。对于这些标签一般有两种处理方法：

- 无需保留的标签，可以直接撕掉，必要时可以先用水喷湿，再用铲刀小心刮除，注意不要刮伤玻璃。
- 必需保留的标签，如果无法直接撕掉，可以用热风机或喷湿后用热风机从外侧加热，从内侧用刮刀小心刮除。

图 4-14　标签

三、汽车侧窗贴膜的具体操作

1. 取膜

（1）量尺寸。用卷尺在玻璃外侧测量玻璃的尺寸，主要是测量宽度和高度。注意量取时必须在玻璃最宽和最高的部位量，并且在两端各预留 1.5～3cm 作为余量以防止剪裁量过大，如图 4-15 所示。

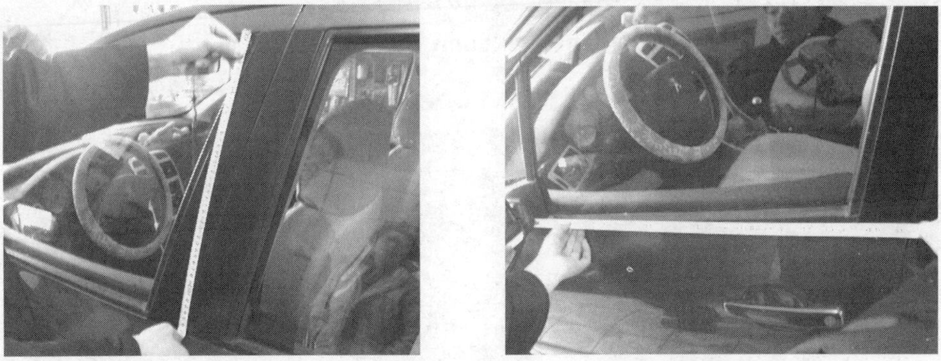

（a）　（b）

图 4-15　量尺寸

（2）粗裁。用裁纸刀和直尺（钢尺最好）根据之前测量的数据，从窗膜中裁出矩形的窗膜，裁好的膜在需要移动时，应卷成筒状，防止在移动中发生褶皱，如图 4-16 所示。

取模时必须注意玻璃水平宽度为膜的展开方向，这是由膜的收缩性决定的。

（a）　（b）　（c）

图 4-16　粗裁

（3）二次粗裁。把明显多余的膜裁掉，便于后面细裁工作的操作，这样可以避免膜的主体部分以外褶皱，操作方法如图 4-17 所示。

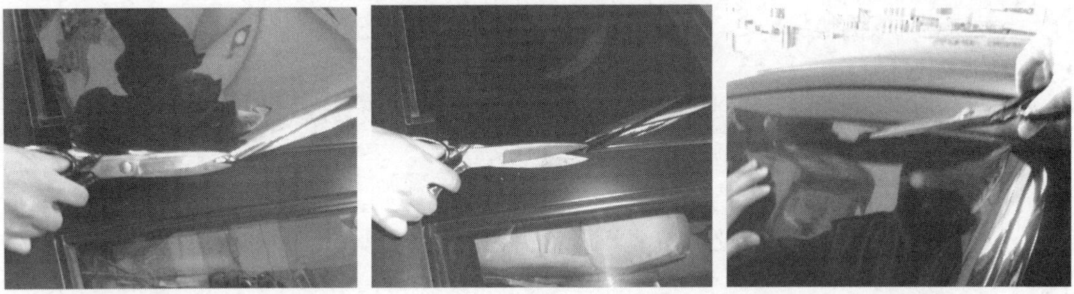

（a）　（b）　（c）

图 4-17　二次粗裁

（4）细裁。用裁纸刀沿玻璃边缘裁下膜形。对于玻璃边缘窗膜可外露的，这一步就是定型的步骤；对于玻璃边缘窗膜不可外露的，还需要下述两道工序进行处理。

1）调整膜的位置，按照玻璃边缘的形状用刀裁割窗膜。

2）把窗膜取下，向右分别移动 5mm 和 8mm，然后均匀裁出右边缘膜形，调整窗膜至最佳位置。操作方法如图 4-18 所示。

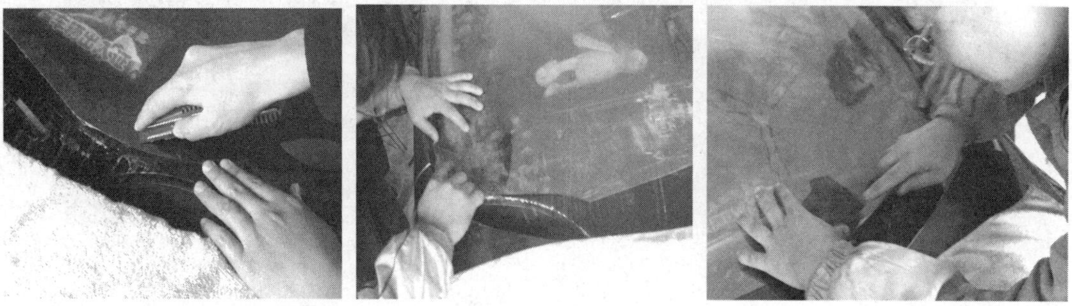

（a）（b）（c）

图 4-18　细裁

（5）画线。用笔把尚未裁割的窗膜沿玻璃与边框的结合线画下来。画线时用笔轻画出下边缘和左边缘玻璃与橡胶的相交线。操作方法如图 4-19 所示。

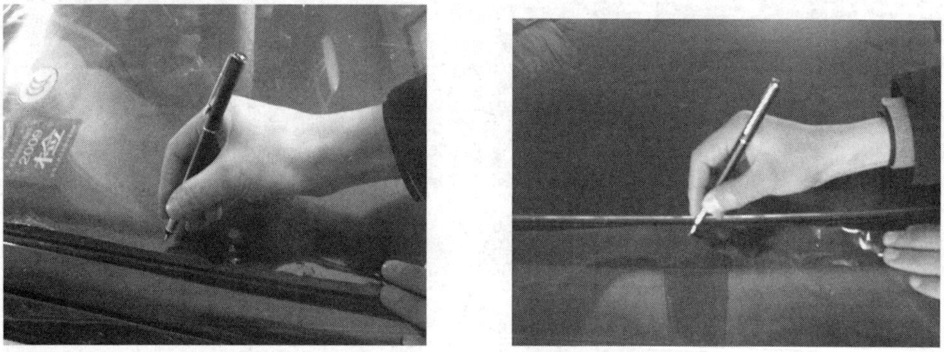

（a）（b）

图 4-19　画线

（6）二次细裁。把膜放回垫板展开，用钢尺与裁纸刀根据画线留取适当余量后裁掉其余部分。一般来说，下侧边缘留 2～4cm，这需要结合具体的车窗玻璃来决定。操作方法如图 4-20 所示。

（7）修圆角。修圆角的主要目的是防止升降玻璃时造成窗膜边角翻折。操作时用裁纸刀小心裁出每个圆角，如图 4-21 所示。

2. 热成型

对于弧度较大的侧窗，有必要在粘贴前对其进行热成型，以防止在粘贴前或粘贴后产生气笋。

（1）调整气笋位置。覆盖在玻璃上的窗膜会有很多大大小小不规则分布的气笋，必须合理地调整气笋的位置，如图 4-22 所示。

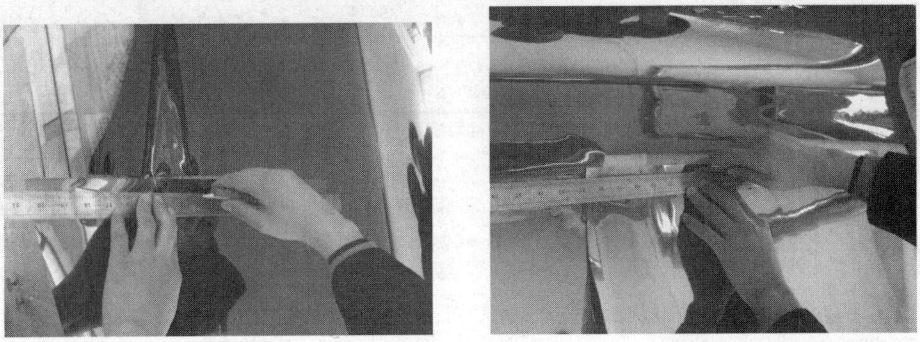

（a）（b）

图 4-20　二次细裁

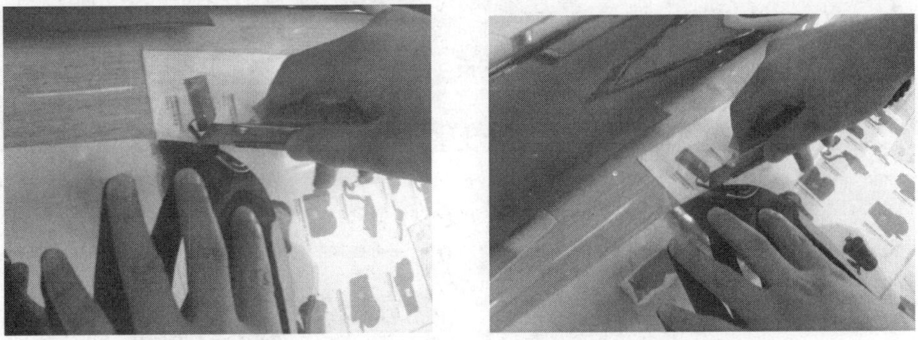

（a）（b）

图 4-21　修圆角

（a）（b）（c）

图 4-22　调整气笋位置

（2）收缩热成型。收缩热成型是整个贴膜过程中的关键步骤，成型的质量将极大地影响最终的完工质量。收缩热成型就是使用热风机对覆盖在玻璃上的窗膜进行加热，使窗膜发生收缩变形，逐渐从平面膜变成与玻璃形状相吻合的弧形膜。操作方法如图 4-23 所示。

3. 窗膜粘贴

窗膜粘贴工序必须流畅熟练，一旦开始就必须连续完成，否则容易造成灰尘粘附等问题。

（1）开膜。在把膜贴到玻璃上之前要分开窗膜的保护层与膜体本身，这个操作过程必须小心，防止膜体粘附在一起。开膜的操作方法如图 4-24 所示。

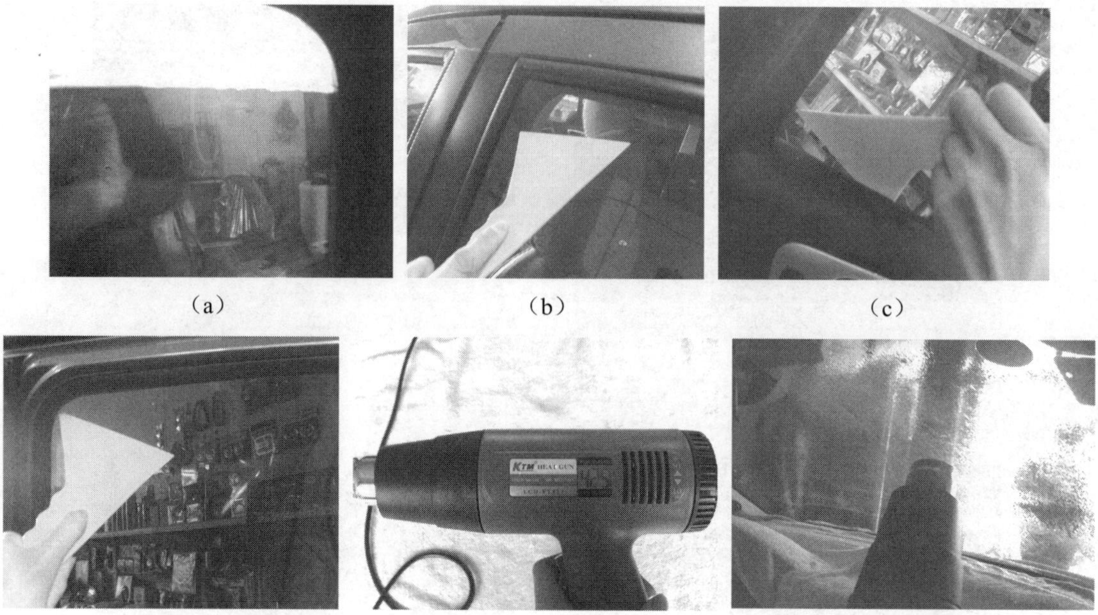

（a）（b）（c）

（d）（e）（f）

图 4-23　收缩热成型

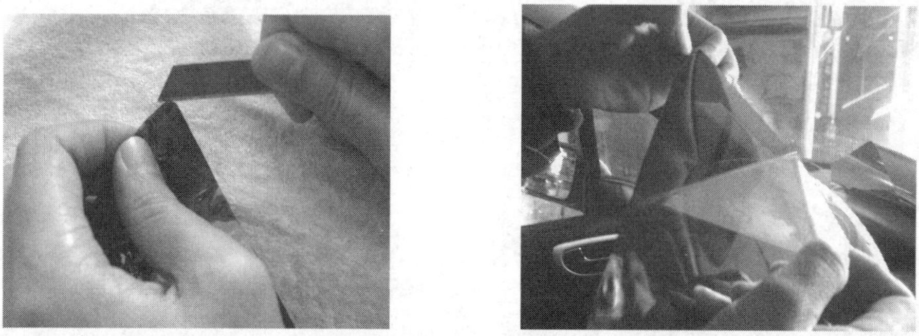

（a）（b）

图 4-24　开膜

（2）上膜。把窗膜的粘贴面贴到玻璃的内侧就是上膜。上膜的操作方法如图 4-25 所示。

（a）（b）（c）

图 4-25　上膜

（3）定位。窗膜在上膜后不可以直接排水，必须把位置正确对齐之后才能排水，定位的操作方法如图 4-26 所示。

（a）　（b）

图 4-26　定位

（4）排水。排水就是将窗膜与玻璃之间的水分（助贴剂）分别用橡胶刮板和塑料三角刮板刮出来，让窗膜迅速牢固地粘贴在玻璃上。排水的操作方法如图 4-27 所示。

（a）　（b）　（c）

图 4-27　排水

（5）修整。排水之后不能保证窗膜的所有部位都完美无瑕，对于仍然存在的问题，如气笋、气泡、折痕等都应该在此步骤予以修整处理。修整的方法如图 4-28 所示。

4. 润饰

在粘贴施工完成后，要收拾好防护胶板、大毛巾、工具、碎膜，并且用细纤维抹布把玻璃外、周围抹拭干净，如图 4-29 所示。

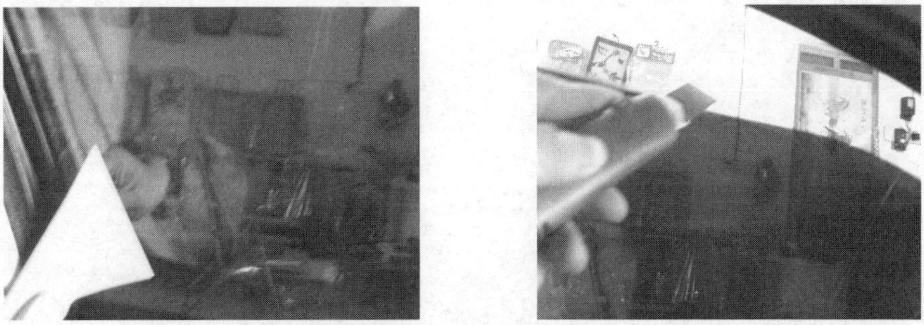

（a）　（b）

图 4-28　修整

（c）

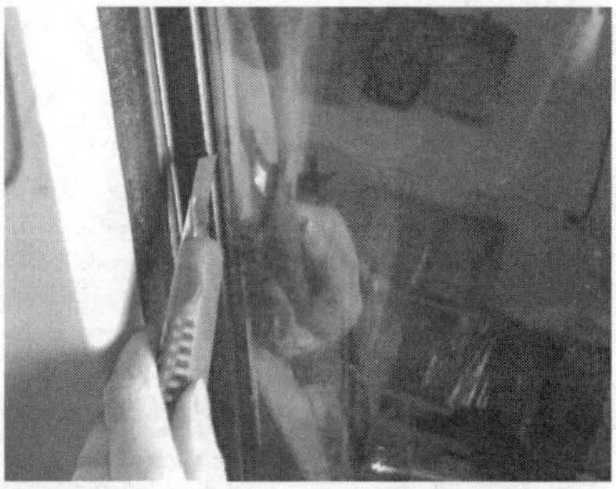
（d）

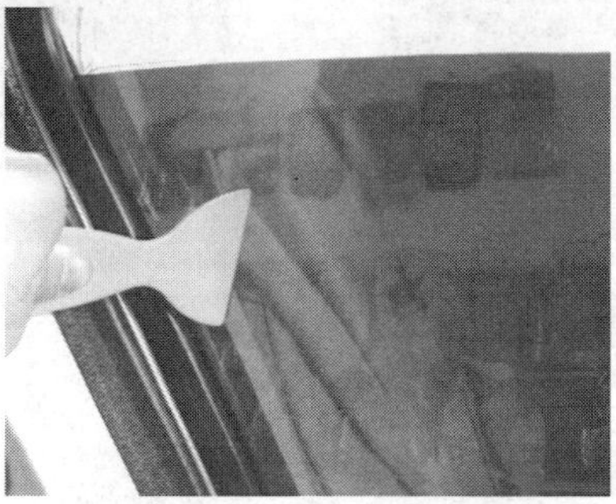
（e）

图 4-28　修整（续图）

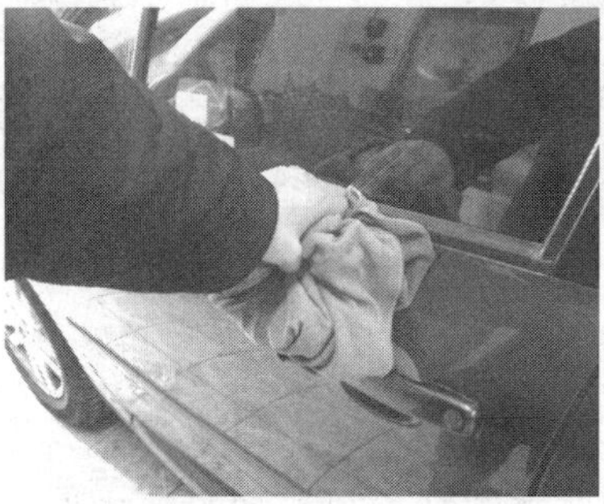
（a）

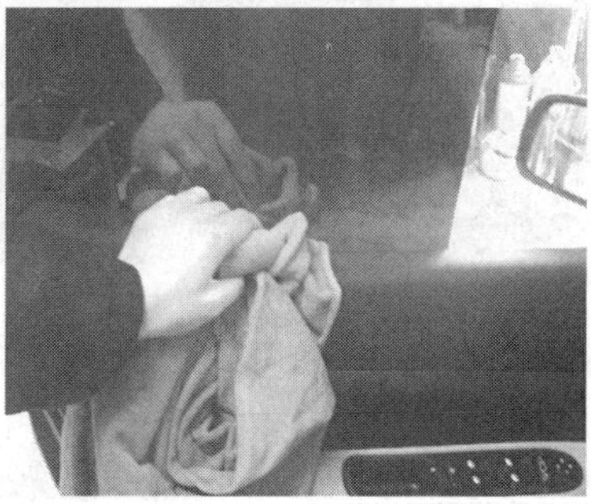
（b）

图 4-29　润饰

5. 完工

至此，侧窗贴膜的全部步骤已经结束，完工后整体效果如图 4-30 所示。

图 4-30　完工

四、汽车侧窗贴膜后的注意事项和质量检验

1. 汽车侧窗贴膜后的注意事项

汽车侧窗贴膜后，3 天之内车主不要升降车窗和清洗车，以免因水分未干造成脱落。由于天气及金属材质不同，膜装贴后干燥速度会有差异，快则 2 天，慢则 7～15 天。在某种气候下，汽车膜可能会出现雾状或水珠状点，车主不要担心，这是正常现象，会慢慢消失。

对于窗膜上的污渍，车主不要用化学溶剂擦拭，最好用清洁的毛巾、纸巾蘸水和棉布配合洗洁精清洗。

为了美观而将一些吸盘或一些粘贴物吸附在窗膜上，这样容易造成窗膜脱落，车主应该避免这样的做法。

2. 汽车侧窗贴膜后的质量检验

（1）检查每块玻璃的两侧有无明显的“漏光”现象。

（2）驾驶座两边的车膜应先整张贴装，从驾驶座看两侧后视镜有无影响视线的感觉，如存在这类现象，必须通知车主，并采取挖孔处理。孔型按照车主的要求做好精裁工作，务必使边缘线平滑。

（3）侧窗玻璃上的上缘线是否与车膜的边缘保持基本平行，刀线是否平滑。

（4）检查有无沙砾夹在玻璃与车膜之间，并查看有无气泡、折痕等缺陷。

任务四 汽车前、后风窗玻璃贴膜的基本流程

任务描述

在汽车窗膜粘贴的学习中，前、后风窗玻璃的粘贴是最关键的环节。无论从施工的技术难度、安全意义还是利润比例来看，侧窗贴膜都无法与前、后风窗玻璃贴膜相比。前、后风窗玻璃所用的窗膜对防爆性、光线透过率和隔热性的要求都比侧窗所用的膜高。

相关知识

一、前、后风窗玻璃贴膜的工具及材料准备和基本流程

1. 工具及材料准备

热风机、喷水壶、大小棉毛巾、不起毛的擦洗布、擦洗垫、刀具和可替换刀片、清洗剂刮板和超级刮板、白塑料硬卡片、放工具的卫围裙、调制粘贴溶液、婴儿用洗发精、全能玻璃水。

2. 基本流程

由于前、后风窗玻璃的面积和弧度都很大，必须对窗膜进行热成型。不同的贴膜工对前、后风窗玻璃窗膜的热成型方法虽然不同，但总的来说差别不大。湿式热成型是比较常用的方法，在实际应用中有较好的操作性。前、后风窗玻璃窗膜粘贴的基本流程如图 4-31 所示。

（1）车辆检查（检查玻璃的脏污程度、有无破损、确认其形状弧度）。
（2）内外防护（防止助贴剂等液体污染车体和内饰）。
（3）玻璃清洗（防止玻璃内外留有沙砾划破窗膜）。
（4）粗裁窗膜（裁剪与玻璃形状相近的窗膜）。
（5）热成型（用热风面对窗膜进行收缩热成型）。
（6）细裁窗膜（按玻璃形状裁剪出符合要求的膜形）。
（7）粘贴（按正确的操作步骤粘贴窗膜）。
（8）润饰（清洁车身内外，进行最后的完工确认）。

图 4-31　前、后风窗玻璃贴膜的基本流程

从图 4-31 可以看出，前、后风窗玻璃窗膜的粘贴与侧窗玻璃窗膜的粘贴流程类似，但由于前、后风窗玻璃面积大、弧度大，从而造成窗膜的气笋数量多、体积大，其热成型难度远远超过侧窗，因此在具体技术动作上与侧窗玻璃窗膜的粘贴有较大差别。

二、前、后风窗玻璃贴膜前的准备工作

1. 车辆检查

车辆检查的方法基本上与侧窗贴膜时的车辆检查方法相同。

2. 内外防护

前、后风窗玻璃贴膜时的内外防护如图 4-32 所示。

（a）

（b）

图 4-32　内外防护

3. 玻璃清洗

玻璃清洗的方法基本上与侧窗贴膜时的方法相同。

三、湿式热成型贴膜的操作

1. 粗裁窗膜

（1）量尺寸。用卷尺量取前、后风窗玻璃玻璃的尺寸，主要是测量宽度与高度，量取方法如图 4-33 所示。

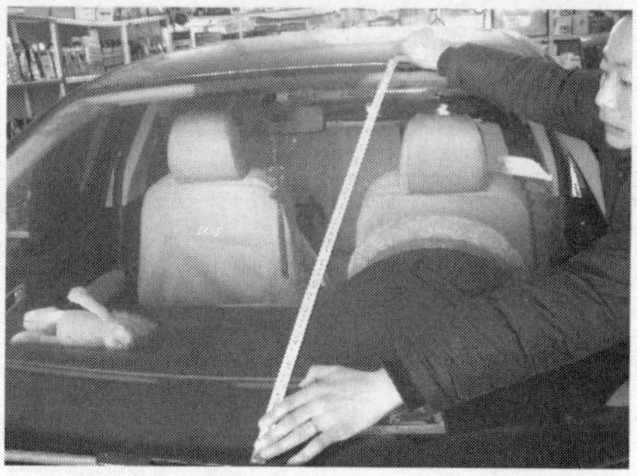

（a）

（b）

图 4-33　量尺寸

用卷尺量出的应该是前、后风窗玻璃的最大宽度和最大高度，两端必须分别预留 2cm 作为余量。

在测量高度时，要观察玻璃两角有无上翘。

（2）粗裁。用裁纸刀和直尺（最好是钢尺）根据之前量取的数据，裁出矩形的窗膜。裁好的膜在需要移动时，应卷成筒状，防止在移动中使其发生褶皱。裁割方法如图 4-34 所示。

（a）

（b）

图 4-34　粗裁

（3）卷膜。粗裁好的膜应尽快卷好再做移动和存放，如图 4-35 所示。

（4）再次清洗玻璃。按普通清洗方法，在玻璃上喷上清洗剂后用普通橡胶刮板或大橡胶刮板刮干净即可，如图 4-36 所示。

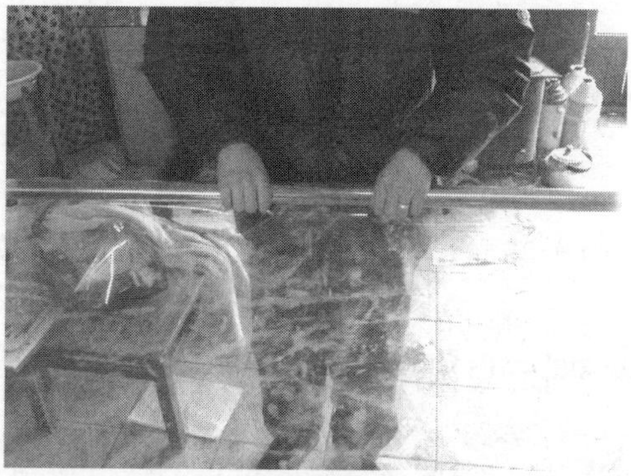

图 4-35　卷膜

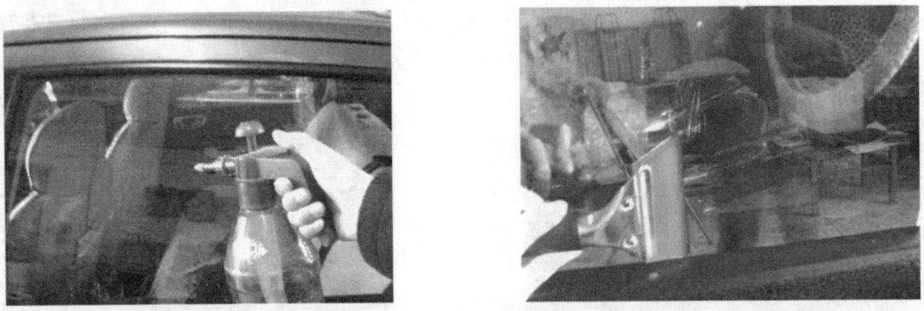

（a）　　（b）

图 4-36　再次清洗玻璃

（5）覆盖窗膜。在喷湿玻璃外侧后将窗膜小心在玻璃上展开，如图 4-37 所示。

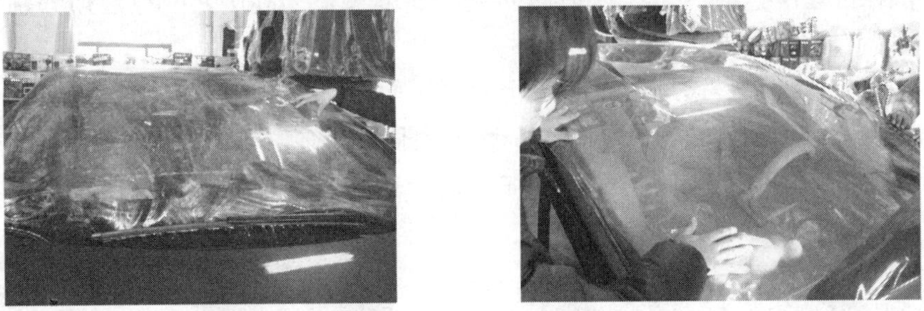

（a）　　（b）

图 4-37　覆盖窗膜

（6）二次粗裁。把窗膜四周按需要粘贴部位的外围约 1cm 处裁掉，如图 4-38 所示。

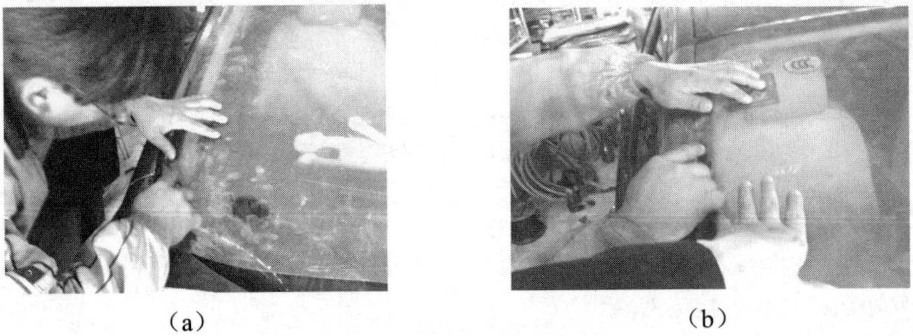

（a）　　（b）

图 4-38　二次粗裁

（7）宏观调整气笋的位置。设法将窗膜两边的气笋调整到上下两边，操作方法如图 4-39 所示。

2. 湿式热成型

对于前、后风窗玻璃，由于其面积大、弧度大，必须在粘贴前对其进行热成型，以防止在粘贴前或粘贴后产生气笋。

前、后风窗玻璃的热成型是车窗贴膜中难度最大的，必须正确掌握其热成型的手法。具体步骤如下：

（1）微观调整气笋的位置。微观调整气笋的位置，使气笋适于用热风机成型。

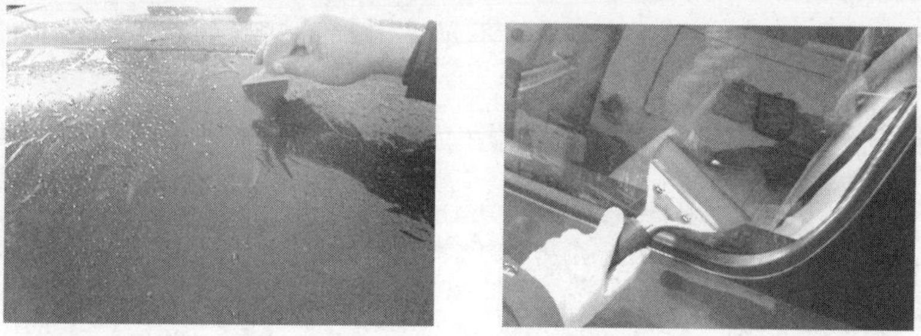

（a）　　　　　　　　（b）

图 4-39　宏观调整气笋的位置

（2）烤膜和刮膜。用热风机对窗膜进行烘烤和用塑料三角刮板进行刮膜，这是热成型的核心技术。烤膜和刮膜的手法如图 4-40 所示。

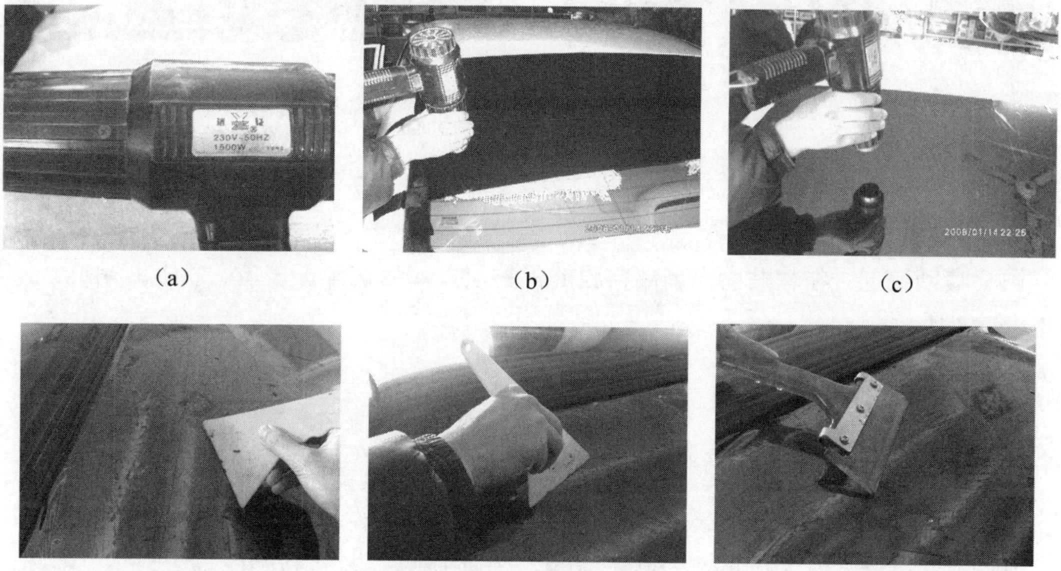

（a）　　　　　　　　（b）　　　　　　　　（c）

（e）　　　　　　　　（f）　　　　　　　　（g）

图 4-40　烤膜和刮膜

3. 细裁窗膜

为整张窗膜进行热成型后就可以根据玻璃的实际形状细裁出它的最终边线。细裁的操作方法如图 4-41 所示。

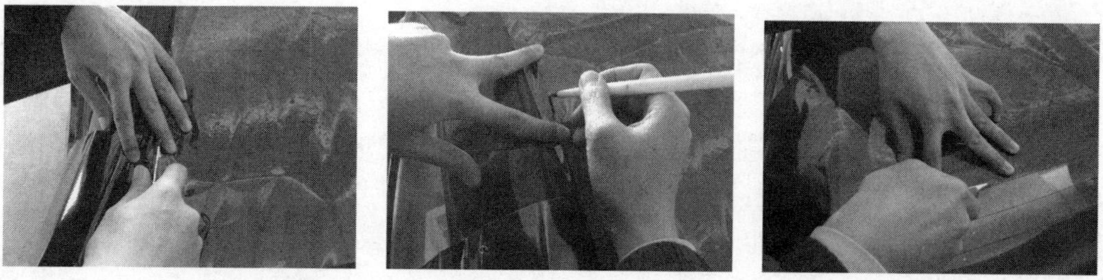

（a）　　　　　　　　（b）　　　　　　　　（c）

图 4-41　细裁窗膜

用剪刀划线裁割窗膜，划线时如果光线不足（特别是贴茶纸窗膜片），可用手电筒或电灯在车内照亮玻璃。

也可用裁纸刀直接在玻璃上裁，但这对用刀力度要求较高，其方法如图 4-42 所示。

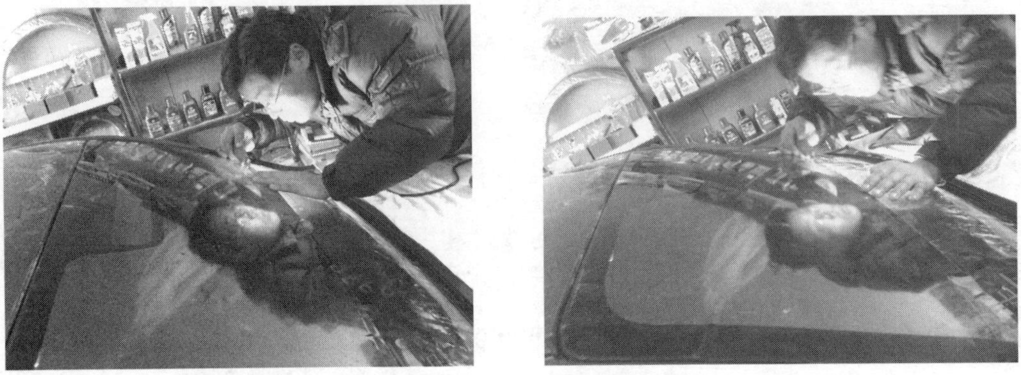

（a）　　　　（b）

图 4-42　细裁窗膜

4．粘贴

粘贴车窗膜的步骤如下：

（1）喷助贴剂。在粘贴前先剥离窗膜的保护层，然后在车窗玻璃上喷上助贴剂。操作方法如图 4-43 所示。

（a）　　　　（b）

图 4-43　喷助贴剂

（2）卷膜。将窗膜卷起来拿到车厢内，这样可以避免整张移动带来的麻烦。卷膜的操作方法如图 4-44 所示。

（3）上膜。将卷好的窗膜在清洗好并已喷上助贴剂的玻璃上展开。操作方法如图 4-45 所示。

（4）排水。上膜后必须彻底排水，否则会造成气泡和模糊感，对前后风窗玻璃影响尤为明显。排水的操作方法如图 4-46 所示。

图 4-44　卷膜

（a）　（b）　（c）

图 4-45　上膜

5. 润饰

在粘贴施工完成后，要收拾好防护胶带、大毛巾、工具、碎膜，并且用细纤维抹布将玻璃里外、周围抹拭干净。清理部位如图 4-47 所示。

（a）

（b）

（c）

图 4-46　排水

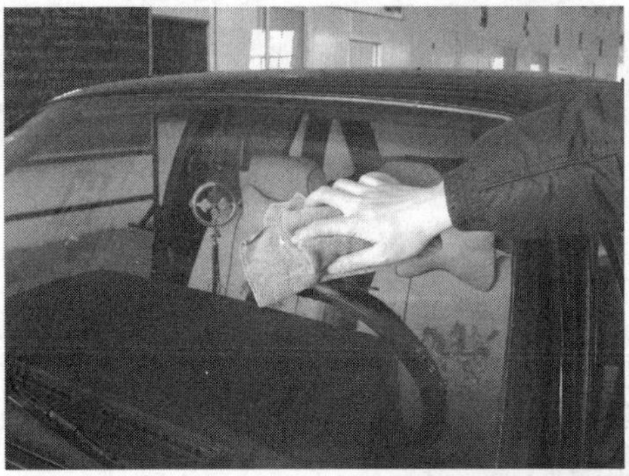

（a）

（b）

（c）

图 4-47　润饰

6. 完工

至此，前、后风窗玻璃贴膜的全部工作都已经完成。完工后的整体效果如图 4-48 所示。

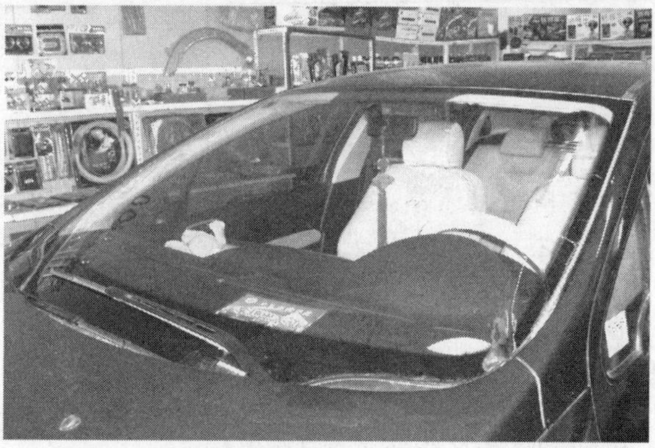

图 4-48 完工

四、前、后风窗玻璃贴膜的注意事项和质量检查

1. 前、后风窗玻璃贴膜的注意事项

当前、后风窗玻璃窗膜有赃污时，忌用粗糙的毛巾或化学清洁剂擦洗。因为粗糙的毛巾很容易在窗膜的硬质表层上留下划痕，而化学清洁剂则会与窗膜（隔热车窗膜、防爆膜）中的金属成分起化学反应，引起窗膜退色、变形、产生气泡。正确的处理方法是用柔软的毛巾轻轻擦拭，必要时可蘸上清水进行擦拭。

2. 前、后风窗玻璃贴膜的质量检查

（1）前风窗玻璃贴膜的质量检查。

1）车膜要整张贴装，不能拼接。

2）不能有气泡和折痕（以刮水器有效使用范围为准）。

3）车膜与玻璃间的水必须刮除干净（从玻璃的左右两侧分别观察时，可以看得很清楚）。

4）坐在驾驶位，透过前风窗玻璃看车外的景物时不存在模糊、色差等现象。

5）查看前风窗玻璃应没有强反光现象（外侧）。

6）车膜的边缘粘贴完好，无起边现象。

7）车膜的边缘线与玻璃上的小黑点连接平滑，无明显凹凸不平的感觉。

8）玻璃贴膜应完好，并在专用“施工单”上请客户签署意见。

（2）后风窗玻璃贴膜的质量检查。

1）在有金属加热线及天线架在玻璃内侧的情况下，不得整张装贴，必须拼贴，以免长时间加热影响窗膜的使用寿命。

2）拼接时刀法必须精确，不得出现两次以上未对齐现象。

3）最下沿车膜的粘贴必须仔细检查，不得有残留水分夹在车膜与玻璃之间，尤其是“别克”车系。

4）不得有密集的沙点和气泡存在。

任务五　车窗贴膜的缺陷分析及窗膜小知识

任务描述

在进行车窗贴膜施工时，难免会有因各种原因造成的缺陷，特别是对新手来说，对贴膜时产生缺陷的成因进行分析，将有助于掌握正确的贴膜技术，避免重复犯错。

相关知识

一、车窗贴膜缺陷的分类和成因

（1）窗膜裁割时产生的缺陷见表 4-7。

表 4-7　窗膜裁割时产生的缺陷

缺陷的种类	缺陷的成因	缺陷的示意图
露白（在车窗完全关闭后仍能看到没有覆盖的部位或前、后风窗玻璃没有覆盖的部位）	裁割窗膜时裁剪量过大，余量不足	
边缘不平整	裁割时刀身所在平面与玻璃不垂直（与用刀的姿势不正确有很大关系）	
圆角不圆	细裁时忘记修圆角或修圆角手法不熟练	

（2）窗膜热成型时产生的缺陷见表 4-8。

（3）窗膜粘贴时产生的缺陷见表 4-9。

表 4-8 窗膜热成型时产生的缺陷

缺陷的种类	缺陷的成因	缺陷的示意图
气笋（窗膜排水后仍然存在尖笋状的未与玻璃贴合的状况）	热成型不彻底，窗膜的弧度比玻璃的弧度小	
褶皱	热成型过度，窗膜被烤焦	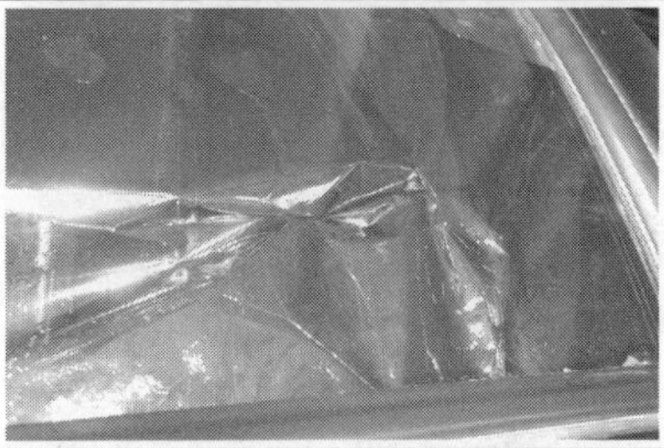

表 4-9 粘贴窗膜时产生的缺陷

缺陷的种类	缺陷的成因	缺陷的示意图
夹入杂物	粘贴前和粘贴过程中的处理步骤中都可能有杂物（主要是沙尘）混入窗膜中，其中玻璃没有洗干净和撕开保护层时间过长是最常见的原因	
褶皱	排水时手法不正确（刮板角度过大）	
刮破窗膜	排水时手法不正确或窗膜中有沙粒	

（4）由车型决定的特殊情况见表 4-10。

表 4-10　特殊情况

缺陷的种类	缺陷的成因	缺陷的示意图
陶瓷点（玻璃边缘的黑点）附着不均匀	陶瓷点是立体的，有凹凸感，窗膜难以均匀附着	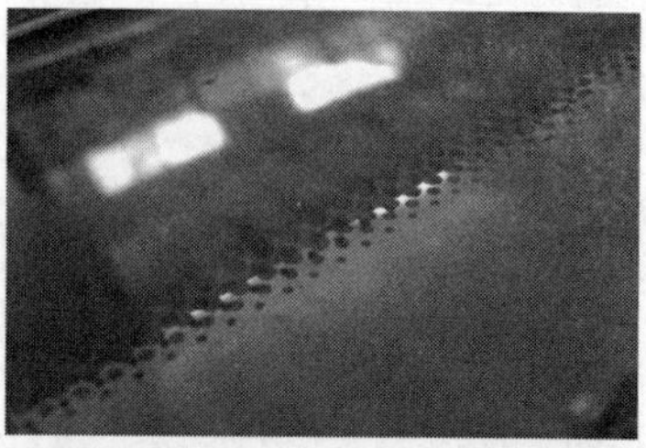
发热丝接线头附近窗膜挖空	发热丝接线头竖立在玻璃上，必须挖空才能让窗膜贴紧	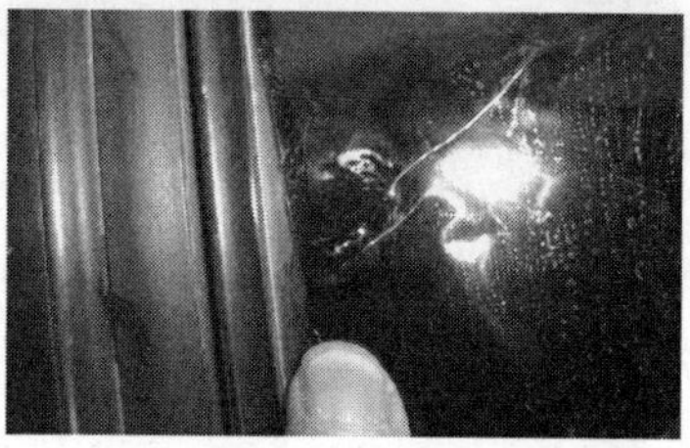

二、安装车窗膜的陷阱

1. 车窗膜陷阱

目前国内汽车膜市场鱼龙混杂，而且缺少统一的市场整合与规范。一些不法商贩利用消费者对于车窗膜知识欠缺的弱点大行骗术，消费者一不小心就会掉进不良商家精心设置的陷阱。

（1）对膜性能作用的夸大宣传。如对纳米技术在车膜领域的应用，几乎炒作到了神奇的地步。

切记“防伪标记不等于防伪”。选购汽车车窗膜时，不少车主将膜上是否有水印作为品牌膜防伪的重要依据。事实上全世界只有中国和韩国在销售有防伪标记的车窗膜。为了迎合中国市场的这种消费习惯，一些美国品牌也在对华出口的产品上加印了这种标记。如美国“龙膜”就将 Llumar 字样印在背胶的保护膜上，但在美国国内销售的“龙膜”产品却无任何防伪标记。所以有无防伪标记并不是判明车膜真伪的唯一标准。

（2）向消费者推荐介绍产品时使用的是优质膜，但安装的是普通膜甚至是劣质膜。在向消费者做对比实验时作假，主要手段：使用双层膜作假；使用不同颜色玻璃作假；做隔热实验时更换不同瓦数的灯泡等。

切记“高价不等于好膜”。面对市场上价格差异巨大的车窗膜（从 300 元到 9000 元不等），消费者心里会犯嘀咕：我应该买什么膜？价格多少才合适？目前直接从美国进口的专业品牌膜的整车玻璃贴膜的价格一般都在 2000 元以上。市面上看到的几百元甚至低至几十元的整车贴膜，一般都是从东南亚买来或者国内制作的劣质膜或者假膜，其不但隔热、隔紫外线等性能差，而且一般也无法提供质保卡。而五六千元甚至八九千元的价格似乎就贵得离谱了，车窗膜的好坏并不完全取决于价格。

2. 汽车贴膜小知识

（1）选膜小知识。

1）产品上是否清晰地表明了产地及生产商信息。一般来说，美国原产车窗膜都会清晰地表明产地、生产厂家及其网址，车主们可以上网进行查询验明。

2）学会选择品牌。著名品牌的制造商都有一整套的质量保证体系，产品出厂前都经过严格的检验测试，所提供的指标数据均准确可信。同时著名品牌不仅有好的质量，更具有完善的售后服务体系。

3）选择一家具有专业资质及良好信誉且经品牌商授权的汽车百货贴膜港进行施工装贴至关重要，这样不但车窗膜的质量可以得到保障，施工的过程及贴膜后的效果更是可以保证的。按生产工艺上来说，汽车膜可分为四大类：混胶膜、染色膜、真空镀膜和磁控溅射膜。混胶膜是将颜色混在胶内涂在聚酯基片上制成的，是最古老的生产方法，由于较差的阳光控制性能和很短的保质期，现在已经很少使用了。其他三种汽车膜目前市场上都在销售，业内也称其为“防爆膜”。

染色膜是将颜色混合在聚酯片内或涂在聚酯片表面上，可以获得更好的阳光控制性能和更长的保质期，目前市场上很多的“防爆膜”都是这种产品。

真空蒸镀膜和磁控溅射膜统称为“金属化膜”。这两类膜都采用了金属或金属氧化 物涂层，以期获得更好的阳光控制性能和足够长的保质期。其中真空蒸镀膜使用的金属基本上是铝或氧化铝，而磁控溅射膜几乎可以使用所有的金属。从外观上看，两者最大的区别是真空蒸镀膜具有更高的反光率，金属感非常强，而磁控溅射膜更雅致，舒适宜人。

需要说明的是，虽然汽车膜的质量与所采用的生产工艺有直接关系，但并不能肯定采用了某种生产技术就一定比其他品牌技术好。汽车膜质量的关键在于制造商对生产环节中每一种技术掌握的水平。

（2）贴膜与天气。

1）阴天是贴膜的最好时机。在阴雨天气，空气中悬浮物减少，可避免膜和玻璃间出现杂质影响美观。

很多车主已经知道，贴防爆膜要去有室内贴膜条件的专业装饰店。贴膜前，专业装饰店会适当保持室内的湿度，避免灰尘造成沙砾、气泡和划痕。但可能多数车主不知道，阴天时，空气湿度较大，静电减少，室内外的灰尘也明显减少，是贴膜的最好时机。

2）天热贴膜成应时之需。天气逐渐热起来，汽车贴膜也成了应时之需。现在贴防爆车窗膜成为车主的首选，因为它除了具有防爆和隔除紫外线功能外，还具备耐磨、隐蔽性强、隔热节能、保护仪表盘、减少老化等优点。但现在市场上的车膜产品鱼目混珠，需要装车膜的车主应挑选一家正规的汽车装饰公司，全车贴完膜后应坐在车内观察颜色是否均匀，沙砾是否过多（不在关键位置的少许沙砾可以允许），向外看会不会影响视线。真正防爆车窗膜具有极高的单向透光性，不会影响向外观看的视线。

3）冬季贴膜。冬季可以贴膜，但贴完膜最好在阳光下暴晒一下，使膜里的水分尽快蒸发。

4）夏季汽车贴膜全攻略。人要防晒，车同样也要防晒。除了将车停放在阴凉处外，给汽车贴一层膜是最好的防晒策略。但贴膜可不简单，不是随便找一个路边摊就能解决问题的，而且薄薄的一层膜贴不好可是后患无穷。

辨别汽车膜的安装是否专业，有“望”“闻”“问”“切”四步。

望——洗车房、无尘车间、产品展示厅。

无尘车间几乎都是大门紧闭的，专业的洗车房里面是不会有污水存在的。无尘车间里的干净程度很高，其基本设施类似汽修车间，但没有汽油味道与各种油污。顾客可以在产品展示厅内选择自己喜欢的产品。

闻——了解基本的贴膜技术。正规化的贴膜工艺有 4 个显著特点：

- 施工应在室内密封环境进行，工作人员都有统一着装，如果是新品或新车型，会有高级技师进行指导。
- 专业的汽车膜安装工艺中，前后风窗玻璃应该采用整张铺贴和干法热定型工艺，从而避免因采用湿法热定型工艺过量加热玻璃而对玻璃产生过量的热应力使玻璃当场破碎，或者贴完后数天内自动破碎。
- 专业安装不拆卸车内附件，同时应采取措施避免损伤车上电器及饰品。
- 专业安装应该使用相应的专业工具和化学试剂，否则无法保证汽车膜的安装质量和为此提供的质量保证。

问——刨根问底有技巧。

对于产品的来源一定要问，无论进口的还是国产的产品，正规店里都会提供质量保证书和详细的技术参数。

- 清晰度和透明度。不论车窗膜颜色的深浅，透明度都要高。车窗膜尤其是前排两侧窗的膜，应选择透光度在 85%以上较为适宜。
- 隔热性要好。质量好的汽车防爆膜能反射红外线，所以车内的温度就低得多。
- 防爆性要强。贴了优质车膜的车辆，万一玻璃被击碎也会被粘住，碎块不会飞溅伤人。
- 紫外线阻隔率要高。一般优质车膜都具有极高的紫外线阻隔率。

切——切身体验，总结经验。

- 要找有封闭无尘车间的装饰公司。
- 挑选好的施工人员。比如有无统一着装，各种工具是否摆放整齐等。初级技师只能为侧窗贴膜，只有中、高级技师才能为弧度较大的前风窗玻璃贴膜。
- 观察一下膜的背面是否有防伪标志。如有可能向店家索要一块边角料，揭开背膜露出胶层，然后在地上磨擦，如出现掉色和划道即是假膜。
- 选膜时，要注意膜与车身颜色搭配和谐。要求店家贴前、后风挡时对膜不能开刀，一定要整张贴，否则会降低防爆性，而且影响美观。
- 贴完膜应坐在车内观察颜色是否均匀，向外看会不会影响视线，真正防爆车窗膜具有极高的单向透光性，不会影响向外观看的视线。
- 贴完膜，专业人员会提醒，三天之内不要升降车窗或用水清洗车，以免水分未干造成车膜脱落。另外，一定要向店家索要贴膜保证卡，一般的防爆膜都能保证使用 5、6 年，有了它自己将来的权益才有可能得到保障。

（3）贴膜环境和工艺用料。

1）贴膜环境。贴膜环境不用多说，封闭的无尘车间是必须的，绝对不能有半点马虎。看着街上那些跟豹子似的车窗，不用问便知是在街边进行的贴膜操作，结果是再好的膜也浪费了。

2）贴膜工艺。现在最主流、最普遍的贴膜工艺就是“湿法热定型”工艺，就是在膜和玻璃之间喷上水或清洁剂，然后用热吹风加热，使膜“曲面”伸张定型，从而使膜和玻璃的球形表面贴得更紧密。这种工艺很容易对局部玻璃产生过量的热应力，从而使玻璃存在潜在的破碎的危险。更有甚者，玻璃还会当场破碎。

专业的贴膜工艺是在无尘车间中进行的“干法热定型”工艺，由于膜和车之间没有水来传导，而膜又具有隔热的能力，因而传导到玻璃上的热度极小，不会对玻璃造成损坏。而且热力对膜影响力大，车膜收缩幅度大，可以实现大弧度的后窗整体贴膜。

项目小结

1. 车窗贴膜是在车窗的内侧贴上一层聚酯膜，以达到时尚美观、阻隔热量、阻隔紫外线、防眩目、保护隐私、防止玻璃飞溅的目的。

2. 车窗贴膜要求最终的施工效果必须无尘或只有极少尘。

3. 汽车侧窗窗膜的粘贴是汽车贴膜最基础的操作，因为侧窗的粘贴工艺技术要求比较全面但难度比较小，所以初学者都是从侧窗贴膜开始学起。

4. 由于前、后风窗玻璃的面积和弧度都很大，必须对窗膜进行热成型。

5. 贴膜时产生缺陷的成因分析。

项目训练

一、填空题

1. 汽车______的燃油被用于空调制冷，而粘贴了隔热车窗膜的汽车则可以把这部分油耗降低______左右。

2. 车窗膜按其发展演变的顺序可以分成三代：第一代是______，第二代是______，第三代是______。

3. 选购防爆膜时，可运用______、______、______、______等感官手段测试它的可见光透过率、隔热性、防爆性、颜色等。

4. 贴膜施工场地的______、______和______决定了贴膜时周围空气中的尘粒密度。

5. 为了尽可能减少空气中的尘粒，应该让汽车在一个不大的______，并且降低周围的______，提高周围的______。

6. 玻璃清洗前，应先调好清洗剂。如果使用沐浴露、洗洁精等既有清洗效果又有润滑作用的产品代替专用的贴膜清洗剂，则需要在使用前按______的比例稀释。

7. 用卷尺在玻璃外侧量取玻璃的宽度与高度时，两端都必须预留______cm 至______cm 的余量，以防止剪裁量过大。

8. 前、后风窗玻璃的粘贴与侧窗玻璃的粘贴流程类似，但由于前、后风窗玻璃______、______，从而造成窗膜的气笋______、______，热成型难度远远超过侧窗，因此在具体技术动作上与侧窗玻璃的粘贴有较大的差别。

9. 上膜后必须彻底排水，否则会造成______和______，对于前风窗玻璃影响尤为明显。

10. 裁割时刀身所在平面与玻璃不垂直会造成______。

11．裁膜时方向错误或对水平方向的气笋进行加热会造成______。

二、判断题

1．低档茶纸的质量很差，易退色，异味浓，容易划破，粘贴层与玻璃的附着力小，容易分离，使用寿命极短。（　）

2．金属蒸镀层一般是由镍、铬、钛等按一定比例用溅射工艺制造成的合金，但也有用一种金属（铝）制造成的合金。

3．在无尘贴膜室里面，应保持地面干燥、洁净，防止灰尘飘浮起来。（　）

4．手电筒、防护薄膜、剪刀、铲刀、钢尺、毛巾都是贴膜工具。（　）

5．裁好的膜在需要移动时，应双手提起两个角移动，放置在移动中发生褶皱。（　）

6．取模时必须注意玻璃水平宽度为膜的展开方向，这是由膜的收缩性决定的。（　）

7．贴膜后，3 天之内车主不要升降车窗或用水清洗车，以免水分未干造成脱落。（　）

8．侧窗贴膜的施工技术难度、安全意义、利润比例与前、后风窗玻璃贴膜相比都略高一些。前、后风窗玻璃所采用的窗膜对防爆性、光线透过率和隔热性的要求则比侧窗用膜高。（　）

9．如果玻璃上有沙砾就很容易在热成型时刮坏窗膜。（　）

10．露白是由于裁割窗膜时裁剪量过大，余量不足造成的。（　）

11．发热丝接线头附近窗膜被挖空是不能容许的。（　）

三、简答题

1．为什么要给汽车玻璃进行贴膜施工？

2．如何判断窗膜的真伪以及质量好坏？

3．为什么要在无尘贴膜车间进行贴膜施工？

4．贴膜施工需要用到哪些工具？这些工具的作用是什么？

5．贴膜前玻璃清洗不干净对贴膜有什么影响？

6．汽车贴侧窗膜后的注意事项有哪些？

7．车主在汽车前、后风窗玻璃贴膜后有哪些注意事项？

8．前风窗玻璃使用的窗膜与其他部位使用的窗膜有什么区别？

9．对车窗贴膜时出现的缺陷进行分析有何意义？

10．车窗贴膜时出现不同缺陷的原因分别是什么？

项目五 汽车改装

项目导读

目前流行的实用性初级改装主要包括改装灯具、改装座椅、加装防盗器、加装倒车雷达、加装导流板和扰流板、加装底盘保护、加装车身护杠及挡泥板等改装项目。通过这些改装，可以有效地提高汽车的实用性能。

任务一 灯具改装

任务描述

灯具在现代化汽车上有着画龙点睛的作用，精美的灯具会使汽车豪华感提高很多。灯具的改装一直受到消费者的青睐。

相关知识

一、灯具改装的作用

1. 使汽车美观

目前市场上有许多装饰性车灯，外形各异、制造精美。夜幕降临时，打开装饰灯，神秘的色彩给驾车人增添了极其强烈的个性。

2. 提高照明质量

一般国产车的原厂车灯出厂时的色温为 3000K，经过一年使用就会降到 2500K，甚至2000K，如果继续使用，会明显影响照明质量。采用新型高效的车灯能够提高亮度，放宽视野，从而提高夜间行车的安全性。

二、装饰灯的种类

装饰性车灯的种类很多，主要有高强度放电灯、竞技型车灯、探照灯、LED 汽车灯、倒车灯、车顶排灯、高位制动灯等。

1. 高强度放电灯

高强度放电灯又称氙气灯。它没有灯丝，玻璃灯泡内有电极。它的原理是在抗紫外线水晶石英玻璃管内，填充多种化学气体，其中大部分为氙气与碘化物等惰性气体，然后再通过增压器将车上 12V 的直流电压瞬间增至 23000V 的高电压，接着再将电压转变成 85V，保持恒功率持续供应氙气灯泡发光。

氙气灯灯泡如图 5-1 所示。

图 5-1　氙气灯灯泡

氙气灯曾是高档轿车才有的配置，现在价格有所下调，所以成为非常热门的改装项目。氙气灯的特点：一是亮度大，使用同样瓦数的氙气灯，亮度大约是钨丝灯的2～3倍；二是它的色调非常完美，是仿制太阳光那样的真实色调，如同昼光；三是效率高，氙气灯的效率是普通卤素灯的3倍。四是节能，与钨丝灯相比，能够节约一半电能；五是寿命长，由于氙气灯没有灯丝，所以它不存在灯丝断裂的问题，使用寿命可达2000小时以上。所以，氙气灯产生的照明效果可达到一个新的等级，将成为汽车前照灯的必然选择。

2. 竞技型车灯

竞技型车灯如图5-2所示。

图5-2 竞技型车灯

竞技型车灯又叫辅助型车灯，不仅可以作为装饰使汽车更加靓丽，同时能放宽视野，提高能见度。黑夜行车有诸多不便，主要原因是车灯的照射范围有限，尤其是遇到雨雪或大雾的恶劣天气，大多数车主会觉得车灯不够亮、穿透力弱且射程近。如果汽车安装了竞技型车灯便可很容易地解决这些问题。

竞技型车灯具有亮度大、穿透力强、射程远等特点，安装后，无论天气如何变化，车主都能轻松地应付。目前，竞技型车灯可供选择的类型较多，有超白光型，还有聚光型和雪雨雾灯型，功能虽异，但价格相差不大，可以根据行车时常处的环境进行选择。

3. LED汽车灯

LED汽车灯是指车内外光源均采用LED技术，用于外部和内部照明。 LED汽车灯寿命为5万个小时，结构坚固，而且不容易受振动影响，使用过程中光输出亮度也不会明显下降。LED汽车灯适合于汽车的各种照明应用，包括大灯（远光灯和近光灯）、雾灯、尾灯、刹车灯、转向信号灯、日行灯、踏板照明灯、仪表灯、牌照灯、门灯、车内照明灯、示宽灯等。LED汽车灯如图5-3所示。

LED 汽车灯具有节能、成本低、寿命超长、耐用性好、体积小、响应速度快、亮度衰减低等优点。但也有成本高、普及困难和质量参差不齐等缺点，所以LED汽车灯的广泛推广还有一定的限制。

三、装饰灯的选用

装饰灯的功能、型号种类很多，选用时应注意以下事项。

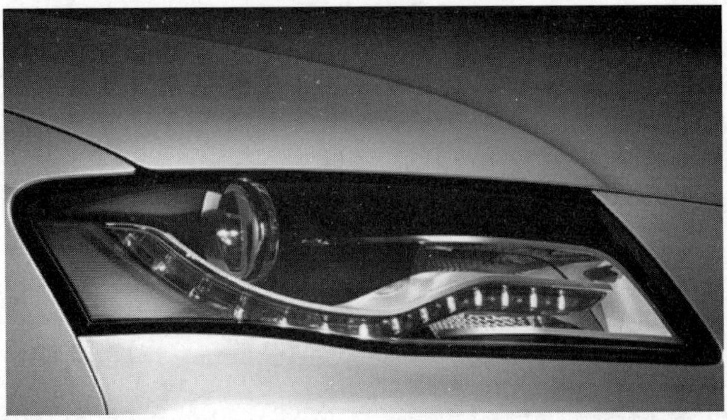

图 5-3 LED 汽车灯

1. 选择车灯的种类和型号

根据汽车经常行驶区域的环境，有针对性地选择装饰灯。如果只是为了增大亮度，可选择高强度放电灯；如果经常行驶在冰天雪地、雾气茫茫的天气里可试一试竞技灯的效果；如果经常驾车外出旅游，可考虑选用探射灯。

如果照明灯的功率符合国家标准，只需考虑车灯的型号问题。一般来说，日本车灯号大多数为 H4，欧洲车则是 H1、H7，美国车为 H3、H4、H5。可以在车灯的玻璃下角找到该灯的型号。安装灯泡时要注意灯泡型号，如果型号不对，将无法安装，所以要对号入座。

2. 选用知名厂家的产品

应优先选择使用知名企业生产的汽车灯具产品，不要购买三无产品。除了查看产品的合格证，还应查看产品的生产企业名称、厂址、电话和产品的执行标准。

国产的车灯反射碗，有些不是采用计算机辅助设计得到的形状，而是采用翻模的模式，直接从成型产品上进行盗版。但光形的精确度是很难被简单复制的，因此选择时要多加注意。

3. 仔细检查外观

汽车灯具产品外观应无不良缺陷、手感光滑、无毛刺；灯泡应为国标规定的汽车灯泡。

对于汽车前照灯，可以查看其光线的明暗，截止线是否清晰、整齐等。

四、装饰灯的安装及注意事项

（1）由于氙气灯管在出厂时都做了严格的焦距调整，安装时如果安装不到位有可能出现焦距不准、光线发散等问题。

（2）换装氙气灯时应注意车灯熔丝。如果两灯共用一根熔丝，该熔丝必须使用 25～30A；如果两灯分别独立使用熔丝，必须使用 10～15A。安装时要特别注意电源正负极和接地极。

（3）安装灯泡时不要直接用手接触灯泡玻璃，以免人手本身分泌的油脂粘在玻璃管上，留下指纹、油膜，导致灯泡点亮后受热不均，造成玻璃表面因膨胀不同而破碎。如果有脏物粘在玻璃管上，应该用酒精将脏物擦净方可使用。

（4）更换灯泡应在干燥的室内进行，切勿在阴雨天室外换灯泡，并且注意灯罩防水衬套要严密装回，避免水气进入，影响灯泡的使用寿命。

（5）与所有电器一样，更换灯泡前，请先把电源关掉。灯泡刚熄灭时，千万不能接触，以免烫伤。

（6）换装灯泡时最好能左右灯同时更换，一方面可避免两侧灯泡消耗电量不一，造成线路烧毁的意外；同时日后也不会发生左右灯泡寿命不均，或是色泽不一的情况。

（7）有些车型由于原车带有自检设备，改装不当会出现故障灯报警、频繁烧毁保险、行进中突然熄灭等现象。某些车型由于大灯线路的特殊性，安装不当会造成无法变光或变光熄灭的现象。某些安装不当也能干扰收音机信号。

（8）灯泡的玻璃部分非常薄，而且内填压力气体，在换装灯泡时，注意不要将废灯泡随意丢弃，以免灯泡破裂伤人和污染环境。

（9）有些地方法规对使用氙气灯有严格的规定，灯具改装一定要在法律法规允许的范围内进行，一定要遵循交管部门的规定。

在欧洲，生产、安装氙气灯是有严格规范的。在欧洲国家的法律里是不允许单独更换汽车光源的。即使原车安装氙气大灯也必须满足以下四个条件：必须装配透镜、必须装有大灯清洗系统、必须保证灯光色温在 4300K 以内、必须装配大灯自动水平系统。以上这些必备的条件中，色温的规定是为防止因色温过高而降低雨、雪、雾等恶劣天气下的灯光穿透力的，其他三个规定是为防止影响对面行驶车辆的驾驶员视线而规定的。

色温指的是光的颜色，色温越高颜色越蓝，当色温升高到达一定温度时光的颜色将会发紫。随着色温的增大，流明数反而会变低，所以色温越高，真正照在地面上的光反而会越淡。最值得关注的问题是色温越高，穿透力越差。一旦遇到雨雪天气，色温过高的灯光几乎会使汽车失明。因此我们推荐选择购买色温在 4300K 以内的氙气灯产品，这可在保证安全的前提下提升车辆的照明效果。由于国家标准只是规定了前照灯的最低照明度，没有对最大照明亮度进行规定，因此，给非法改装留下了管理缺口，导致一些路边的非法店有空可钻。他们改装的氙气灯由于照明度过高，极易引发交通事故，已经成为道路上的光污染源。有些国内的氙气灯生产厂家生产的灯泡色温从 6000K 到 10000K，使用这样的灯存在安全隐患。

任务二 座椅的改装

任务描述

汽车座椅不仅提供座位，使人轻松舒适地旅行，同时又是重要的安全部件，给坐在座椅上的乘车人员提供安全保护。

汽车的座椅基本上都是由汽车配件厂专门生产的。座椅的主骨架和形状一般是按人体工程学原理，以保证乘坐舒适、安全而设计的。

相关知识

一、汽车座椅应符合的条件

汽车座椅应符合以下条件。

（1）座椅是汽车箱内体积最大的部件，所以在实际使用中，其体积尽量要小，质量要轻，成本也要低。

（2）由于座椅是支撑人体的部件，因此要确保安全，必须满足各种标准和法规（形状、尺寸、强度等）的要求。

（3）座椅应使乘车人员有良好的静压感，要让乘车人员以最小的筋肉活动就能保持自然舒适的姿势，同时要使身体压力的分布不会妨碍血液循环，也不会加速疲劳。因此，要适当选用座椅弹簧和衬垫材料，采用座椅调节装置和靠背倾斜调节装置调节座椅的高度和前后位置，使其功能合理化。

（4）座椅坐垫面必须可靠地承受入座人体的坐骨骨节。坐垫前角不要支撑大腿部，座椅靠背必须能承受制动踏板的反作用力，靠背应使长时间的前弯姿势不会疲劳。

（5）座椅应随行车条件的不同而改变姿势，人体的重心轴很容易通过腰关节的旋转轴（处于这种状态下，筋肉做功最少）。坐垫倾斜角可以调节，能调节人身下肢角度，使驾驶员在市区行车和在汽车专用道路上行车的感觉一样。

（6）为减小落座人体与座椅靠背的相对震动，座椅应装有好的弹簧系统。

二、汽车座椅的种类

汽车座椅可按形状、功能、乘坐人数、饰面材料等进行分类。

1．按形状分

（1）分开式座椅。其中又分为半分开式座椅和斗式座椅，分开式座椅如图 5-4 所示。

图 5-4　分开式座椅

（2）长座椅，如图 5-5 所示。

图 5-5 长座椅

2. 按功能分

（1）固定式座椅，如图 5-6 所示。

图 5-6 固定式座椅

（2）可卸式座椅，如图 5-7 所示。

图 5-7 可卸式座椅

（3）调节式座椅，如图 5-8 所示。

图 5-8　调节式座椅

（4）儿童安全座椅，如图 5-9 所示。

图 5-9　儿童安全座椅

（5）赛（跑）车座椅，如图 5-10 所示。

图 5-10　赛（跑）车座椅

3. 按乘坐人数分

（1）单人座椅。

（2）多人座椅。

4. 按饰面材料分

（1）真皮座椅，如图 5-11 所示。

图 5-11 真皮座椅

（2）仿真皮座椅。

（3）人造革座椅，如图 5-12 所示。

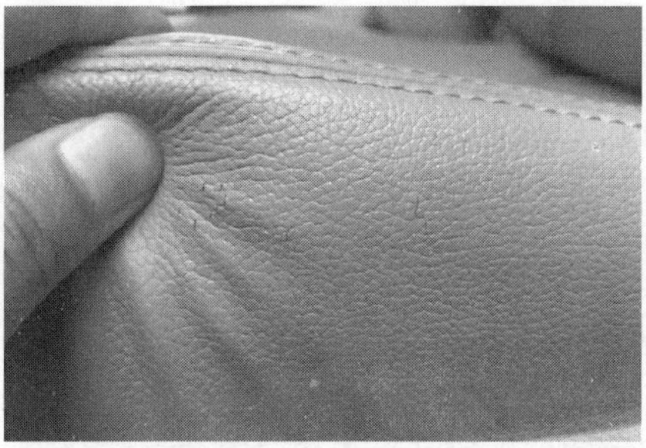

图 5-12 人造革座椅

（4）布料座椅。

（5）短毛绒织物座椅，如图 5-13 所示。

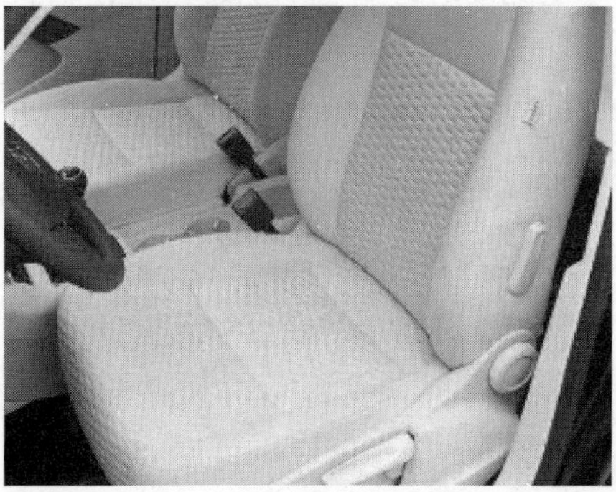

图 5-13 短毛绒织物座椅

三、座椅的选装

由于原厂在设计一张车用座椅时，是以车辆本身所设定的消费群的需求为标准的，因此除非是特殊的高性能车种，一般房车用的座椅，均以高舒适性设计为主要考量。由于要兼顾到舒适性以及车内活动的便利性，再加上成本的考虑，因此一些较低价位的房车，座椅在腰部及腿部部分，无法精确地支撑驾驶员，而且座椅内部针对人体工程学的架构设计也较为简单，长时间乘坐时，容易出现腰酸背痛的现象。其次，这些强调舒适性的座椅，在抵抗弯道离心力时，无法支撑高速转弯所施加于身体的强大离心力，会让驾驶员的身体产生严重的侧倾状况，相对地也影响到车身所传送的抓地力与转向的回馈力量。当然大部分的车主是不会迫使车子进入到如此极限境界，但对于开车较快的汽车司机来说，这种状态将会使行车安全性随之降低，因此对座椅进行升级也在情理之中。

汽车座椅是车厢内占用面积最大、使用率最高的部件，选装时一是要考虑美观，二是要考虑实用。

1. 充分考虑驾驶习惯

市场上所销售的赛（跑）车座椅无论在产地、价位与种类方面都有着非常大的差别，消费者要根据自身的驾车习惯来选择适合自己的产品。例如经常开快车的车主或者改装后的要经常参加比赛的车辆，因为车辆平均行驶的速度较高，所以需要特别注意车辆转弯时对身体的支撑性，甚至对椅子的材料与重量都是有要求的。专业的桶式赛车座椅比普通座椅要低很多，没有仰合及前后高低调节，是为一个车手单独设计的，座椅位置完全按照车手的身材量身定制，焊死在钢架上。多余的调节系统会增加重量，容易出现故障。赛车座椅通常以硬塑料或碳纤维为骨架，外面包上轻质的防滑面料，靠背上方有用于专业安全带通过的孔，在腰部及头部两侧都有保护支撑，将车手完全捆绑在座椅上，防止急速转弯时离心力对车手的影响。此类座椅靠背和坐垫基本呈 90 度固定夹角，椅背角度不可调整，与一般的轿车座椅相比舒适性较差，但是在路况较差时能够有较高的路面回馈感，有较高的安全性能。

只有很少的原厂车在出厂时把赛车座椅作为标准配置，目前改装厂家为满足车迷对赛车的渴望，也推出可调节的赛车座椅。好的赛车座椅具有一流的质量，当然价位也较高。

如果客户是中规中矩的驾驶员，只是单纯注重操控品质以及座椅的质感，并需要兼顾到乘坐的舒适性，那么可调整椅背角度的跑车座椅则较为合适，而且在等级、材料方面有较多的选择，但相对的因功能多而使得其重量较大，这些因素也会直接影响到价格。

跑车式座椅由于是专门针对高速行驶的车身与人体动态反应而设计的，因此特别将椅背及椅垫这两个部分加以强化，使人体两侧的腰部和肩部以及背部能够有良好的侧向支撑性。另外，座椅本身的刚性也有所加强，因此能够对转弯时产生的离心力进行有效抗衡，能够更精准地感受到轮胎与路面的抓地性，为驾驶员带来高度的乐趣。

当然，除了赛（跑）车座椅，对普通消费者来说，其他的可调节式的高级座椅也是很好的选择。

2. 考察汽车座椅的性能

可从以下几点来考察汽车座椅的性能。

（1）座椅的乘坐舒适性要考虑两个方面：一是静压感，姿势、体压分布、触感等；二是动压感，上下、左右、前后方向的振动特性等。

（2）座椅对人体尺寸变动的适应性要考虑座椅可调节的范围，调节方式、调节是否方便等。

（3）座椅外观的美观程度。

（4）座椅的安全性，耐久性，价格。

四、加装儿童安全座椅

1. 使用儿童安全座椅的必要性

据了解，全世界每年都有数以万计的儿童因车祸丧生或受到严重的伤害。在乘车时，儿童因无法判断需要采取什么样的安全措施使自己免受伤害，所以保护儿童是成年人的责任，尤其是作为驾车人的父母的责任。解决幼小儿童乘车安全问题的有效办法就是让他们坐在儿童安全座椅里。

Volvo（沃尔沃）汽车公司的安全研究人员对涉及 Volvo 汽车的车祸数据进行了广泛的研究分析，从中得出的结论是，儿童乘车时将他们正确地固定在性能良好的儿童专用座椅上，就可以明显地减少受伤害的危险，得到的结论如下：

（1）固定在后向式儿童专用座椅上的儿童与未系安全带的儿童相比，受伤害的几率可减少 90%。

（2）坐在带增强型儿童座椅上的儿童可提高 80%的安全度。

（3）儿童即使系上成年人用的安全带也可增加 60%的安全性。

2. 儿童汽车安全座椅的选择

儿童汽车安全座椅有婴幼儿型、婴儿型、儿童增高座椅和全能型 4 大类。它们是专门为婴幼儿和儿童乘车设计的，通常是由汽车安全带固定在汽车后排座椅的中间，有的型号更有额外的加固系带将其与车身严密固定在一起，便于安装又有良好的安全保障。普遍的双结三带复合安全系带和独特设计的安全搭扣，以一种舒适妥帖的方式将乘坐儿童的胸腹和下肢固定在座椅上，多方位的调节紧固系统，有足够的调节空间，又提供了不可挣脱的充分保障。它完全排除了人手抱持可能产生的任何失误，也彻底避免了儿童单独乘坐时可能出现的乱摸乱动等各种意外，为儿童提供强有力的保护和缓冲作用。

选择儿童汽车安全座椅时，要根据儿童的具体情况进行选择。处在不同成长阶段的儿童所需要的安全座椅是不同的。

（1）一岁以下的婴儿。一岁以下的婴儿是最娇嫩的群体，因而需要的保护也更多。但绝大部分乘客都是习惯把婴儿抱在怀里乘车，这是非常危险的举动。婴儿的头部较重，颈椎尚不能支撑头部重量，因此如果以面向车头的方式乘坐，极有可能会在紧急刹车或意外事故中，使婴儿的头往前甩，造成严重的伤害。

针对一岁以下儿童的婴儿，全球主流的共同设计标准多是采用向后乘坐设计，以避免冲撞时的冲击力皆集中在颈部，如此设计可将撞击力分散到骨骼较为强壮的部分（如腰、背、肩）。另外也有部分产品采用横向安装的卧床式设计，这种类型的保护装置也是不希望婴儿乘车时面向车内。后向使用的汽车安全座椅并不是越平躺越好。虽然我们感觉上似乎越平躺可以让婴儿越舒服，但过于平躺的角度有可能在事故发生时让婴儿飞出去撞到前座椅背，所以一些汽车大厂的产品，都附有角度检查器和角度调节器，有助于判定安装角度是否妥当安全。

（2）满一岁的幼儿。婴儿满一岁后，体型比较大且发育较为完整。由于儿童的头部占的比例要比身体大，因此4岁以下的儿童（18kg以下）采用向后座椅最为安全。VolVo汽车公司交通事故研究组研究证明，后向式儿童安全座椅可将伤害减少 90%。同正向座椅相比，向后座椅可将撞击力和对儿童头颈部的伤害减少一半。

（3）4～12岁的儿童。4～12岁的儿童的体重一般在15～36kg，这些儿童除了选择儿童座椅外也可以选择儿童安全座垫。由于这个年纪的儿童本身身高还不够高，因此如直接使用汽车后座的安全带，安全带可能会高过儿童的脖子。当儿童被垫高后就可以使用成人安全带，保护儿童的胸部和头颈部。使用安全坐垫可将危险降低60%。

3. 儿童汽车安全座椅的安装

儿童汽车安全座椅一般安装在后排座椅上。在交通事故中，车辆前撞是最严重也是最经常发生的，坐在汽车后排座位的中间位置可以最大可能地远离危险。因为汽车安全气囊张开时的冲击力对于成年人来说是可以忍受的，而且受力部位在胸部，除擦伤外并不会造成严重的影响。但儿童的身体承受力要脆弱得多，安全气囊张开时的冲击力有可能对其造成胸部骨折、内出血等致命性的伤害。对于体型较矮的儿童来说，很多时候并不是胸部受力，而是颈部、面部受力，这样还有可能造成窒息和颈椎骨折等更严重的问题。所以，最好让孩子坐在后排，并且要坐在安全座椅上，再将安全带牢牢系上。

安装儿童汽车安全座椅应按照使用说明书要求，将安全座椅固定在汽车后座上，如果汽车安全带的腰跨部分不紧或安全座椅在座位上滑动，孩子就得不到充分的保护。当安全座椅固定好时，左右摇动幅度不应超过2.5cm。为使安全座椅牢固稳定，可以将安全座椅向汽车座位中压，同时勒紧汽车安全带。如果还是摇动，试着安装在车内其他位置或换用其他类型的汽车安全带。

4. 安装汽车儿童安全座椅的注意事项

（1）不要将儿童安全座椅安装在有安全气囊的汽车前排座椅上。汽车的后排座位是安装儿童安全座椅的理想安全位置。

（2）确保儿童安全座椅的安全带的松紧及护垫的位置完全符合说明书的要求。

（3）穿过儿童安全座椅的汽车安全带必须保持紧绷。

5. 使用汽车儿童安全座椅的注意事项

（1）汽车行进过程中，请将孩子始终放在儿童安全座椅中。

（2）每把儿童安全座椅尽量固定给同一名儿童使用，以避免经常调整座椅的角度及安全带松紧而可能带来的安全隐患。

（3）每次使用儿童安全座椅时，一定要确认汽车安全带是否扣紧以及儿童安全座椅与汽车座位是否平贴。

（4）定期检查儿童安全座椅的完好性，并根据儿童的体形及穿着的变化及时调整儿童安全座椅安全带的松紧。

（5）如长时间不用，将儿童安全座椅收藏至其他安全地方保存，并避免暴晒及潮湿环境。

（6）当汽车紧急刹车或受到撞击后，要确认儿童安全座椅的完好并重新绷紧，如有损坏或变形应立即更换。

（7）炎热天气应等儿童安全座椅充分散热后再让儿童入座以免灼伤。

任务三 加装倒车雷达

任务描述

倒车雷达又称泊车辅助系统，由超声波传感器（俗称探头）、控制器和显示器等部分组成。现在市场上的倒车雷达大多采用超声波测距原理。驾驶员在倒车时，将汽车的挡位推到倒挡，启动倒车雷达，在控制器的控制下，由装于车尾保险杠上的探头发送超声波，遇到障碍物，产生回波信号，传感器接收到回波信号后经控制器进行数据处理，判断出障碍物的位置，由显示器显示距离并发出警示信号，从而使驾驶员在倒车时做到心中有数，使倒车变得更轻松和更安全。倒车雷达如图 5-14 所示。

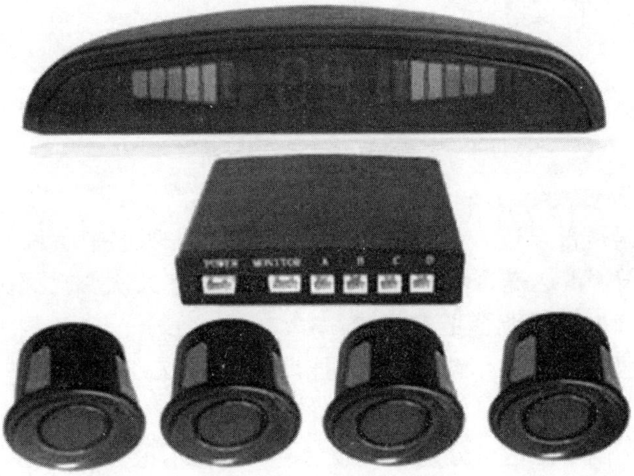

图 5-14　倒车雷达

相关知识

一、倒车雷达的功能

市场上的倒车雷达一般具有以下功能：

（1）雷达测距：嵌入式雷达测距、数码显示，使泊车更容易、更安全。

（2）语音报距：能及时报出与障碍物之间的距离。

（3）和旋警示音：根据不同的距离发出不同的警示音。

（4）车载免提：开车用手机通话，不用拿起手机，即可完成通话。

（5）录/放音：通话时，可随时录下谈话重要内容。

二、倒车雷达的种类与选购

倒车雷达由主机、探头（图 5-15）和倒车雷达显示器（图 5-16）3 部分构成。可以根据需要安装不同数量的探头。目前比较常见的是 4 探头（安装于后保险杠上）、6 探头（2 前 4 后）和 8 探头（前 4 后 4）。

图 5-15　倒车雷达主机及探头

图 5-16　倒车雷达显示器

市场上的倒车雷达品牌种类繁多，主要有铁将军、北华三松、固地、博视、中国台湾俊邦、豪迪等几十种品牌，价格也是几百、上千元不等，有些厂家还根据车型的不同，设计专用的倒车雷达。

面对种类繁多的倒车雷达，选购时要注意以下几个方面。

1. 质量方面

可按照产品说明书对倒车雷达进行距离测试（测量车尾与障碍物之间的实际距离，看其与倒车雷达显示的数据是否一致），即看一看障碍物处于说明书中所说的各个区域时，雷达的反应是否与说明书相符，雷达是否敏感，有无误报等问题；其次要对探头进行防水测试，看看在雨雪和较湿润的天气里雷达能否正常工作。

优质产品提供的服务较好，承诺的保修期较长，最好选购保修期 2 年以上的产品。

2. 功能方面

从功能方面区分，倒车雷达可分为距离显示、声音提示报警、方位提示、语音提示、探头自动检测等，一个功能齐全的倒车雷达应具备以上这些功能。有的产品还具备开机自检的功能。

3. 性能方面

性能方面主要从探测范围、准确性、显示稳定性和捕捉目标速度来考证。探测范围至少在 0.4～1.5m。准确性主要看两个方面，首先看显示分辨率，一般为 10cm，好的能达到 1cm；其次看探测误差，即显示距离与实际距离间的误差，好产品的探测误差低于 3cm。显示稳定性指障碍物反射面不好的情况下，能否捕捉到并稳定地显示出障碍物的距离。捕捉目标速度反映倒车雷达对移动物体的捕捉能力。对倒车雷达性能方面的要求是：准确、稳定、范围宽和捕捉速度快。

4. 外观工艺方面

作为汽车的内外装饰件，显示器和传感器安装后应美观大方，与汽车相协调。例如传感器的颜色是否与保险杠的颜色相一致，尺寸的大小是否合适。外型上，传感器一般有融合式和纽扣式两种。融合式传感器表面有造型变化，追求与前后杠的自然过渡，而纽扣式传感器的表面一般是平的。显示器一般根据车主的习惯，分前置式和后置式两种，主要以清晰美观为标准。

三、倒车雷达的安装

倒车雷达的安装方式有粘贴式和开孔式两种。

1. 粘贴式安装

粘贴式安装方式仅限于具有粘贴性探头的报警器，采用这种探头无需在车体上开孔，只需将报警器粘贴在适当位置即可。这种报警器一般安装在尾灯附近或行李箱门边，探头安装的最佳宽度为0.66～0.8m，安装的最佳离地高度为0.55～0.7m。具体的安装方法如下：

（1）将附带的橡胶圈套在感应器（探头）上，引线向下并与地面垂直。

（2）确定感应器（探头）的安装位置。

（3）将感应器（探头）沿垂直方向贴合。

（4）用电吹风将双面贴加热，然后撕去面纸，贴到确定部位。

（5）将报警器的闪光指示灯安装在易被驾驶员视线捕捉的仪表台上。

（6）将控制盒安装在不热、不潮和无水的行李箱侧面。

（7）将蜂鸣器安装在后风窗玻璃前的平台上。

（8）将感应器（探头）屏蔽线隐蔽铺设，以防压扁、刺穿，并起到美观的效果。

2. 开孔式安装

开孔式安装适用于具有开孔式探头的报警器。探头安装在汽车尾部或保险杠上，其他部件的安装方式与粘贴式相同。开孔式倒车雷达的安装方法如下（以4探头为例）：

（1）选点。4个探头的钻孔点需在同一水平线上。

（2）探头的安装距地面高度为45～65cm，推荐值为50cm。

（3）须选在汽车保险杠垂直、平整且无金属构件的地方。

（4）为确保系统的最佳探测角度，A、D两个探头应在距角边两侧8～13cm，推荐值为11cm。

（5）根据车型取合适的值，确定A、D两个探头的钻孔位，并做相应标记。

（6）测量A、D两探头的距离。

（7）将此距离3等分，A、D中间的两个等分点为B、C探头的位置，做下标记。

（8）先用丝锥或钻头打点定位，以防钻头滑位。

（9）使用原配置的金属开孔钻头，对准定位点钻孔。

（10）把探头逐个塞入孔内，并预留大约10cm的探头线。

（11）根据各种车型，进行隐蔽铺线。

（12）把显示器底座粘贴在车身仪表板上方的平台上。

（13）主机盒安装于后行李箱内安全、不热、不潮、无溅水的位置。

（14）引出倒车灯电源，把主机电源线与倒车灯电源线并接。

（15）将各控制线与主机一一对牢接固，最后接上电源线。将主机包扎好，安置于后备箱内侧不受挤压的位置。

（16）安装完毕进行测试。

其他部位的安装方式与粘贴式的安装方式相同。

四、注意事项

安装倒车雷达需要注意以下几点：

（1）探头安装必须要和车身比例协调，开孔间距要均匀，左右要保持水平。

（2）开孔前必须要先用专用的美容纸在开孔处贴上，然后再用尺子测量计算适合标准的间距，距离地面的垂直高度根据车型大约为50cm左右，太高会测量不到地面上比较低的障碍物，太低又会造成误报。

（3）安装探头时要特别注意，探头内侧表面有一个表示向上的标记。另外4个探头分别按从左到右顺序排列，一定不能错乱，否则会使雷达对障碍物距离和方位的识别错乱。

（4）内部排线一定要隐蔽，对于比较长需要卷起来的线束，一定要先理顺，然后有条理地包扎好，安置于后备箱侧边的内部，固定好。

（5）探头线必须远离排气管，因为排气管温度很高，距离近会引起电路短路，烧坏雷达主机。

（6）连接倒车灯一定要包扎好破口连接处，以免造成短路现象。搭铁线必须牢固连接。

五、使用倒车雷达时应注意的问题

（1）盲区问题。千万不要以为装了倒车雷达就万无一失了，它只能作为一个参考，因为雷达的探头也有盲区，尤其是装两只探头的车主，特别要注意车后的中间地带。

（2）适应问题。倒车雷达的使用需要一个适应过程。一般在刚开始使用时，尽量要多下车看看，以便准确了解雷达显示的数值与实际目测距离的差别，由于雷达测量角度的关系，经常会有一些误差。

（3）目测结合问题。碰到光滑斜坡、光滑圆形球状物，花坛中伸出的小树叶时，要加以目测，因为这时的探头探测能力下降，提供的数据就不会非常准确了。碰到天气过热、过冷、过湿，路面不平或沙地时，也不能掉以轻心，要多回头看看后面的情况。

（4）进退问题。听到蜂鸣器连续音时，应当及时停车，因为车已到危险区域。倒车时，车速一定要慢，以免车子因惯性碰到障碍物。

（5）注意清洁与保养。探头要经常清洁，特别是雨雪天后，泥水和冰雪会覆盖住探头，有附着物存在肯定会影响探测精度。

任务四　加装导流板和扰流板

任务描述

汽车导流板和扰流板的加装都可以有效提高汽车的行驶安全性，同时增加了汽车的美观，所以导流板和扰流板的加装备受欢迎。

相关知识

一、加装导流板和扰流板的作用

轿车前端的保险杠下方向下倾斜的抛物形的连接板称为导流板（图 5-17）。轿车行李箱盖上后端像鸭尾似的突出物称为扰流板（图 5-18）。

导流板与车身前裙板连成一体，能减少涡流的产生，减小前端阻力；同时减少了进入车辆下部的空气总量，减低车底气压，降低前端提升力，提高行车安全性。

图 5-17 导流板

扰流板能阻滞从车顶冲下来的气流从而形成向下去的作用力，减少了车辆尾部的升力，提高了行车安全性。

图 5-18 扰流板

有些旅行轿车的顶盖后缘安装扰流板，使顶盖上一部分气流被引导流过后窗表面。这样既可使后窗的升力降低，也可引导气流将后窗表面的浮尘消除，避免尘污附着而影响汽车后视野。

许多普通轿车上也装有扰流板。其实由于这些车的速度不是很高，扰流板难以发挥实际作用，这时扰流板的最大作用就是美化车身外观。

二、加装导流板和扰流板的益处

现代轿车的正常时速已达 100km/h 左右，最高时速达到 200km/h 以上，所以轿车的车身设计要遵循空气动力学原理，要有尽量低的空气阻力系数，因此要在车身的前后端安装导流板和扰流板，以减小行驶阻力和保证轿车的安全行驶。

由空气动力学可知，空气的速度与压力成反比。也就是说，空气流速越快，压力越小；空气流速越慢，压力越大。如果汽车的外形导致上侧空气流速快、下侧流速慢，就会产生压力差形成上升力，车速越快压力差越大，上升力也越大。这种上升力也是空气阻力的一种，称为诱导阻力，它的危害很大。其他空气阻力只是消耗轿车的动力，这个阻力不但消耗动力，还会产生升力减小车轮与地面的附着力，使汽车发飘，危害轿车的行驶安全。

为了减少轿车在高速行驶时所产生的动力，汽车设计师在轿车外形设计方面做了很多工作，比如将车身整体向前下方倾斜而在前轮上产生向下的压力，将车尾改为短平，减少从车顶向后部作用的负气压而防止后轮漂浮，在轿车前端的保险杠下方装上导流板，在轿车行李箱盖上后端装上扰流板等。

三、导流板的安装

汽车导流板的安装步骤如下：

（1）拆下前保险杠下部的车身板件。

（2）在前保险杠的下面换上新导流板，并与两个轮罩对中，还要保证导流板前面的上缘落在前板的里边。

（3）用老虎钳夹把导流板的夹角夹紧到轮罩上。

（4）将前车身板件的安装孔用划线方法转到导流板上。

（5）用划线方法将导流板端部的安装孔转到轮罩上。

（6）用钻头钻 6 个孔，穿过金属薄板和导流板。

（7）用螺栓松弛地将导流板安装到位，检查是否正确对中。

（8）拧紧所有的 6 个紧固件。

四、扰流板的安装

扰流板的安装方式主要有粘贴式和螺栓固定式两种。前者可避免破坏行李箱盖且不会漏水；后者固定牢固，但因有钻孔会破坏行李箱盖的表面，且安装不好时会发生漏水现象。

现以螺栓固定式为例，说明其安装方法。

（1）在行李箱盖上找到适合的位置，再与扰流板上的螺栓孔配合，做好标记，在行李箱盖上打贯穿孔。

（2）在钻孔位置与扰流板接合处注上硅胶以防漏水。

（3）将固定螺栓由行李箱内侧往外固定锁紧。

五、加装导流板和扰流板的注意事项

（1）汽车是否加装导流板，要根据汽车经常行驶的道路情况而定。加装了导流板的汽车的最小离地间隙变小，只适合在平坦和良好的道路上行驶，如果汽车经常要在不平的路面上行驶，那就不要加装了。

（2）是否加装扰流板，要看车型。实际上，汽车在低速行驶时，气流对汽车的影响较小，扰流板的作用根本不大，所以经济型轿车装扰流板益处不大。将扰流板这么大一个突出物安在汽车尾部，反而会增大风阻，因此带来的直接后果是油耗上升，而且还要增加金钱的付出。

（3）尽量加装汽车的生产商认可的导流板和扰流板，因其尺寸和形状是由设计师精确计算而确定下来的，只有这样，才能使空气动力学特性发挥出来。

（4）为了充分发挥扰流作用，使没有乱流的气流直接作用在扰流板上，必须将扰流板离开车身表面安装。

任务五 加装底盘保护

任务描述

汽车底盘是除轮胎以外最贴近地面的汽车部件。车辆在行驶过程中，路面上飞溅起的沙砾不断地撞击底盘，底盘上原有的防锈层会逐渐被破坏，使金属暴露在外面。尤其是驾车高速行驶时，会大大增加沙石对车辆底盘的撞击力度，细小的沙石会像锋利的小刀一样切削底盘，形成划伤和斑点，严重时还会使底盘变形、漏油、尾气泄露、转向受损、制动失灵等。另外，水气、酸雨、融雪剂都会腐蚀汽车底盘，随着车辆行驶里程和时间的延长，底盘会逐渐锈蚀、老化。底盘是总成和机构的载体，车辆受到的各种载荷都要施加在底盘上，底盘受侵蚀后，会使得总成和机构与底盘的相互配合尺寸发生变化，汽车在道路上行驶时的噪声就会很清晰地传到车内。

车主们的汽车保护意识逐年增强，底盘胶用量的逐年增长就是最有力的说明。目前，经济型轿车，汽车价位在 8 万元以内，底盘防锈处理的保质期 1 年。别克汽车从赛欧到君威在出厂时，底盘经过防锈处理，保质期为 6 年。东风日产汽车价位都在 18 万元以上，在北方较干燥的路况下，可以保质 10 万公里以上，在南方等较潮湿的路况下，底盘的锈点会产生的早一些。还有很多车在出厂时，没有经过底盘护理，所以车主更需要进行底盘护理。

为防止底盘受侵蚀，要对底盘加以保护，以延长底盘保持良好的技术状态的时间。一般底盘保护有底盘塑封和底盘装甲两种方式，还有单独针对发动机和变速器的加装底盘护板等保护底盘的方法。

相关知识

一、底盘塑封

汽车底部由于其部位特殊，工作条件最为恶劣，常采用底盘塑封以延缓底盘寿命。底盘塑封是将专用的底盘喷胶（图 5-19）喷涂在底盘上，形成 2mm 左右的保护层，使底盘与外界隔绝，以降低沙石撞击的力度还能达到防腐、防锈、隔音的功能，延长车身寿命。尤其是在雨水、雪水和融雪剂具有强腐蚀性时，底盘塑封更是显得重要。底盘塑封后还可以起到隔音的作用，减少车内的噪声。

图 5-19　底盘喷胶

1. 底盘塑封的作用

底盘塑封是目前保护汽车底盘裸露部件的切实可行的方法，具体作用如下：

（1）防腐蚀。雨水、雪水，洗车污水等残留在车辆底部，长久下去就会腐蚀汽车底盘。如果汽车底部做了塑封，这些腐蚀性的液体就不容易侵蚀到底盘。

（2）防撞击。车辆在行驶的过程中，路面上溅起的小石子可能会击破车底金属漆膜，锈蚀底盘。塑封后喷涂材料的厚度可达 1.5～2.5mm，能抗击较大的冲击力，可有效地减轻突起物对底盘的伤害，减小底盘损坏和锈蚀的可能性。

（3）防震动。发动机、车轮均固定在底盘上，它们的震动在某一频率上会与底盘共鸣，使人产生很不舒服的感觉，而底盘塑封能在一定程度上消除共鸣。

（4）保温，节省燃油。在冬季，打开车内空调后，冷热空气大多集中在车辆的地板上进行交换。如果汽车做了底盘塑封，那么，其膜内的石英砂会将冷热空气有效隔离，保证车内温度恒定。夏季开空调后，底盘塑封可以隔离外界热气的蒸烤，有效保持车内温度节省燃料。

（5）隔音降噪，保持车内安静环境。车辆快速行驶在道路上，车轮与地面的摩擦声与速度成正比，底盘塑封可较好地保护汽车底部，起到隔音降噪的作用。

2. 底盘塑封的工序

任何油污都会影响塑封的牢固程度。底盘塑封前要使用专用的去污、去脂剂把底盘上的沥青、油污等彻底清除干净，并进行烘干。如果是将整个底盘塑封，还要将传动轴等传动部分和排气管需要散热的部位用胶带封起来再进行刷涂，以免塑封后影响这些部位的正常运转。两次塑封可以提高隔音和防撞效果，但两次塑封之间要间隔 20 分钟。待第一层塑封层彻底干燥后再进行第二次塑封施工。

（1）准备施工工具。

1）喷嘴口径在 2mm 以上的喷枪一把。

2）用于遮盖不施工部位的报纸、纸胶带若干。

3）用于涂刷不易喷涂部位的排刷一把。

4）用于清洗工作的毛巾、钢丝刷、高压水枪、120#水砂纸、铁铲刀、吹气枪、除油剂等。

5）施工人员使用的防护手套、防护帽、防护镜、防护口罩等。

6）举升机和 0.4MPa 压力以上的气源。

7）必需的拆装工具等。

（2）清洗底盘。

1）在洗车区，按一般洗车程序对车辆进行首次清洗，重点冲去底盘下部、轮胎上方等部位的大块泥沙。

2）用举升机把车辆升起，拆卸 4 个车轮，配合专用清洁刷及专用清洁剂（或除油剂）对车辆底盘进行彻底清洗。将 4 轮内衬里面、底板下面的死角用铁铲刀、钢丝刷、砂纸并配合高压水枪等进行彻底清洁，发现起皮、脱落的涂层用灰铲铲去，生锈的部位用砂纸抛光，再用高压水枪冲洗，确保无尘土、无锈。只有清洁干净，才能保证施工质量。

（3）风干及遮蔽。

1）配合气动风枪对底盘清洁位置进行风干。

2）使用专用遮蔽纸及遮蔽胶带，对底盘不必施工的位置进行严格遮蔽（排气管、传动轴、刹车盘、减震器等），同时须对车辆整个漆面进行全面遮蔽。

（4）开料喷涂。

1）按不同型号材料的要求，用专用稀释剂进行调配。

2）连接专用喷涂工具，使用标准气压，对所需施工的部位均匀喷涂，达到整体覆盖的效果。间隔 20 分钟后，再进行第二次喷涂。

3）底盘大梁两侧至下裙位置，及 4 个轮弧位置，须加强喷涂，使防锈及隔音效果更明显。

（5）检查清除遮蔽。

1）喷涂完毕后，使用专用照明灯，对施工位置进行仔细检查，以保证施工效果。

2）拆除遮蔽纸，检查并清洁污染的位置。

3）装上 4 个轮胎，并紧固轮胎螺丝。

注意事项：

- 操作时，喷枪与施工面要保持 25cm 左右的距离，来回均匀喷涂，建议喷涂 3～4 遍。在第一次喷涂完毕以后，对空洞缝隙处应使用腻子封刮平整，再次喷涂。每遍之间间隔 20 分钟，厚度保持在 1.5mm 以上才能保证它的隔音效果。
- 施工完毕，等待 20 分钟左右，去除封盖物。如果在不应喷涂物体的漆面上有飞溅的塑封材料，可用毛巾蘸少许酒精、汽油等清洗干净。喷涂后一定要等到表面干燥，即表面已经不粘手了，才能把车开走，并且 48 小时之内不要对底盘进行高压水枪冲洗。
- 胶质材料的固结过程中会挥发有害气体，在没有防护措施的情况下对操作者健康不利。施工人员操作时要注意呼吸道、眼睛的防护。眼睛一旦进入异物立即用清水冲洗。喷涂时，应选择在通风开放处。
- 某些品牌车辆在出厂时本身就有较完善的底盘防护措施，新车再做底盘塑封的必要性不大，而其他经济型轿车可根据情况选择做底盘塑封。

二、底盘装甲

底盘装甲（图 5-20）是目前国际上流行的一种底盘防护措施。它采用橡胶和聚酯材料的混合配方，将其喷涂在底盘上，施工厚度为 4mm 左右，局部 0.5cm 以上。这种涂层具有高弹性，有效减弱了砾石直接打在金属上发出的声音。它不仅可以减少原有的底盘受侵蚀、隔绝砂石打击底盘发出的噪声，还可以很好地过滤掉行驶过程中由底盘传入到驾驶室内的噪声。采用底盘装甲后，音响在车辆行驶中的表现也会更好一些。

图 5-20　底盘装甲

底盘装甲目标消费群体为新车主。在国外，底盘防锈受到高度重视，因为它会破坏车架原有支撑力。汽车消费比较成熟的地区，新车落地，超过九成的车主第一件事就是底盘防锈。底盘装甲是高档车的必备，像奔驰、宝马这些高档车出厂时就有比较完善的底盘防护措施。中国汽车市场日趋活跃，国内车主对底盘的保护意识也逐渐提高，越来越多的人意识到了底盘护理的重要性。

1. 底盘装甲的发展

到目前为止，底盘防锈产品已经发展到了第四代。

（1）第一代产品为“单分子溶剂漆”，包括沥青型、橡胶型、油漆型 3 种。

（2）第二代产品为“合成溶剂漆”。

（3）第三代为“高分子型水性漆”。

（4）第四代为“复合高分子树脂型”。

2. 底盘装甲的使用方法

（1）升高汽车，用高压水枪冲洗底盘，先涂上发动机外部清洗剂或发动机去油剂，去除底盘上粘结的油泥和沙子，或用特制砂纸打磨掉原防锈层。

（2）用吹水枪将缝隙中的水吹出，并用毛巾将其擦干。

（3）准备喷涂防锈处理层，必须先用遮盖纸（多用报纸）和胶带，将轮胎和排气管周边遮盖，尤其注意车身上的传感器和减震器要遮盖好。

（4）将底盘装甲各组分材料依次喷涂到底盘，至少喷 3 层，厚度约为 4mm。

（5）涂层局部修补，保证遮蔽性越强越好。

（6）去除周边遮蔽物，用专用清洁剂清洗周边非喷涂部位，等待风干。新车大约 1 个多小时就弄好了，旧车则要根据车况而定。

3. 影响底盘装甲效果的因素

影响底盘装甲效果的因素有三个：

（1）材料最为关键。

（2）施工工艺。

（3）美容店是否正规。

4. 检测底盘装甲的几个标准

（1）耐水性。耐水性是底盘装甲对水的作用的抵抗能力。表现为将底盘装甲置于水中浸泡 24 小时，检查底盘装甲有无发白、失光起泡、脱落等现象。

（2）耐盐雾性。耐盐雾性是底盘装甲对盐水浸蚀的抵抗能力，可用实验来判断涂层防护性能。用浓度为 5%的盐水浸泡 24 小时，检查底盘装甲有无发白、失光、起泡、脱落、生锈等现象。

（3）耐酸碱性。耐酸碱性是底盘装甲对有机溶剂浸蚀的抵抗能力。用浓度为 3%的硫酸浸泡 24 小时，检查底盘装甲有无发白、失光、起泡、脱落、生锈等现象。

（4）耐汽油性。耐汽油性的检测方法是用 97#汽油浸泡 30 分钟，检查底盘装甲是否会起泡、脱落。

三、底盘护板

底盘护板（图 5-21）可以在车辆托底时保护汽车底盘，有塑料护板和钢护板两种。塑料护板能在剧烈磕碰时断裂或者撕开吸收磕碰的能量，从而保护底盘部件；钢护板材质坚硬，其硬度甚至比底盘大梁的硬度还要高，在底盘受到碰撞时，钢护板的变形较小，可以很好地保护底盘不受损伤。

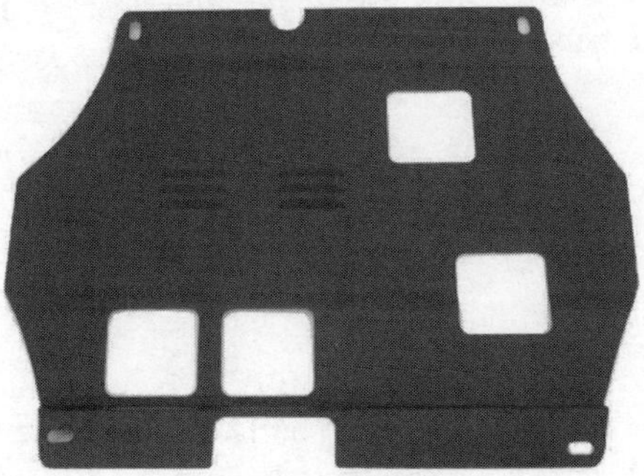

图 5-21　底盘护板

有些车型原车配备塑料护板，有些车型配备的是钢护板。两者都可以对底盘的局部部位进行有效地防护。

底盘护板的具体作用如下：

（1）保护发动机油底壳、变速器及底盘免遭碰撞、划伤，减少维修成本。

（2）泥浆、雨水等不易甩入发动机内，避免发动机腐蚀及生锈，不影响发动机的正常环境，延长发动机的使用寿命。

（3）减缓碰撞反弹力度。

（4）减缓汽车高速行驶过程中产生的阻力，降低油耗。

塑料护板和钢护板都是在重要的需要保护的总成和机构的下面装配的，如在发动机、变速器和传动机构下面。

车辆在加装底盘护板时，可根据车主的需要考虑加装塑料护板还是钢护板。塑料护板的价格比钢护板的价格低一些。一般的行驶条件塑料护板就基本可以满足使用要求，若是经常在道路条件差的地域行驶或是在无路条件下行驶，就应该选择钢护板。

采用塑料护板时，需要注意，护板的材料和形状应该满足使用要求。材料尽量选择弹性和硬度较好的，在受到较小的冲击时，可以有一定的变形但不至于破碎，还可以起到支撑的作用。在受到较大冲击时，可以因为塑料护板的破裂而吸收冲击的能量。

采用钢护板时，同样需要注意护板的材料和形状应该满足使用要求。车辆在加装钢护板时，尽量选择原厂的钢护板，若没有原厂的钢护板，也可以选择选配的护板。但是，一般来说，选装的钢板材质不是十分好，一般托底的时候可以起到保护作用，剧烈磕碰的时候虽然不会断裂，但钢板的凹陷会顶到需要保护的部件上。也就是说，如果遇到非常剧烈的磕碰时，选装的钢护板起的保护作用很小。原厂或是品质较高的底盘护板的硬度很高，价格相对普通材料的底盘护板也要高得多，但可以对底盘的重要部件起到更有效的保护作用。

任务六 加装车身护杠及挡泥板

任务描述

加装汽车护杠是越野车最基本的改装项目，除此之外，越来越多的旅行车、平头面包车、货车也都选配了护杠。护杠一方面能够在事故当中缓冲撞击力、保护车身；另一方面还使车辆具备鲜明的个性。

相关知识

一、汽车护杠的作用及挡泥板

护杠从结构上可以分为前杠、侧杠（或称侧踏板）和后杠三类。

1. 前杠

前杠又分为护灯型（图 5-22）和 U 型（图 5-23）两类，在此基础上，前杠还可以加装挡泥板、保险杠、车灯等装置。

图 5-22　护灯型前杠

图 5-23　U 型前杠

U 型杠，结构简单，可以保持车型原有的面貌，几乎什么车型都可以用。它只能防御正面的撞击，不能抵挡来自斜前方的撞击。装上 U 型前杠，在越野场地可以清除石块、泥土、树枝、杂草这类障碍物，还可以保护车身、保险杠和底盘，但在都市行驶的时候，U 型前杠的装饰性就大于实用性了。

护灯前杠，可以全方位地保护车灯和保险杠，抵挡来自正面和斜前方的撞击，汽车在转弯过程中如果操作不当而导致车辆撞击障碍物时，护灯前杠可以有效地保护车身。

前杠加保险杠：可以增加越野车的驶入角，发挥其推土、推小石子的作用。保险杠是将原车配置的塑料制品换成不锈钢、铝合金或铁制品，还可加装牵引挂钩，但材料较贵、做工复杂。

前杠的材料常用工程塑料、高级不锈钢等。

2. 侧杠

侧杠的作用是方便驾乘人员上下车，当车主需要放置东西到车顶的时候，还可以充当垫高物，同时侧杠还起到挡泥和装饰车身的作用。

侧杠如图 5-24 所示。

图 5-24　侧杠

侧杠有粗细之分，有圆管和椭圆管之分，有越野车专用和微型车身专用之分。主体材料一般为不锈钢，为了实用和美观还需另外以塑料件和铝管装饰。越野车的底盘高，而且底盘结实，可以安装粗管，微型车底盘低，轮距短，只适合安装细管。

侧杠材料通常是纯正铝合金、工程塑料、高级不锈钢等。

3. 后杠

后杠的作用一方面起到防护作用，另一方面可以通过杠体中央的拖车方口安装一个拖车钩，为同行者提供救援保障。后杠可分为单管式和双管式。很多车主喜欢在后杠上加装反光片，以便在夜间行驶的时候提示后方的车辆。

后杠的材料与前杠相同，应具有极强的硬度和极好的韧性。后杠如图 5-25 所示。

图 5-25　后杠

4. 尾梯

尾梯可以缓解来自后方的冲击，款式大多以实用为主。尾梯的材料可以分为不锈钢和铝合金两种，前者防腐性强，光洁度高，承重能力强，所以使用最为普及。

二、车护杠的加装及注意事项

汽车护杠一般都是通过螺栓安装固定的。如果汽车预留了安装位置，则通过螺栓安装在预留孔处；如果汽车没有预留安装位置，则需专业的安装人员在汽车大梁上钻孔安装。

安装汽车护杠时，要注意以下几个方面：

（1）护杠与车身要协调，不要影响原车的配置。

1）安装汽车护杠时不要遮挡车牌。遮蔽汽车号牌是交通法规所不允许的，有时考虑到整车效果，有经验的厂商在设计护杠时会在护杠上加入安装车牌照的位置。

2）不要挡原厂大灯。安装护灯型前杠时注意不要让钢管挡住原车大灯，同时最好用不反光的贴纸粘在钢管的背面，防止灯光反射影响驾驶。

3）不要影响原车的倒车雷达。现在很多较高档的车都会加配倒车雷达，加装汽车护杠时要注意不要影响倒车雷达正常工作。

（2）护杠的尺寸要合理。

1）前护杠与后护杠的边沿与汽车轮眉裙边的距离不得大于 3cm。

2）前杠安装后离地面应不低于原厂底盘，否则在车辆上坡时会与地面发生碰撞。

（3）安装护杠后要认真检查。

1）护杠安装后左右两边要对称，安装要牢固可靠，用力摇动时摆动越小越好。

2）查看在安装过程中是否改变了车体的部件，车身的螺丝是否恢复原位，所有的螺丝是否拧紧牢固，这关系到护杠的使用和安全问题。

（4）最好选用与车型配套的专用护杠。目前在售后市场上，汽车用品生产厂家针对不同款式的车型量身订做了许多护杠产品，车主可以根据喜好进行选择。值得注意的是这类专用车型护杠不可在不同车型之间套用。

（5）安装要专业。汽车护杠关系到汽车的安全性能，因此安装时专业性较强。有些不正规的厂家为节约生产成本，没有将护杠装于大梁之上，这种安装方法虽然比较容易，且结构简单，短时间内不会出现问题，但长时间行走会出现松动，发出声响，严重的护杠会掉下来，影响驾驶安全。

三、加装挡泥板

1. 挡泥板的功用

挡泥板是防止汽车雨天行驶或在泥泞地面行驶时污泥、污水溅到车身下部。在车上安装挡泥板的方法有两种：①螺钉或拉拔钉固定法；②粘贴法。

2. 挡泥板的示样

挡泥板如图 5-26 所示。

图 5-26　挡泥板

3. 挡泥板的安装

（1）将要安装挡泥板的位置清洁干净，尤其是使用固定法时，要彻底清除挡泥板凸缘内侧的污泥，并加以防锈，以防安装后因不清洁而生锈腐烂。

（2）用固定法时要用钻头在挡泥板凸缘唇上钻孔，以便安装。

（3）即使是采用固定法，在安装部位同样要涂硅胶，便于结合紧密并可防止因水分积存而生锈腐烂。

（4）将挡泥板装上，用固定法将螺钉或拉拔钉固定好。

（5）为防止水分积存或渗入到结合处造成钣金腐烂，可在挡泥板外缘注上一层透明的硅胶。

项目小结

1. 汽车天窗作为一种新型的换气设备，可以很好地解决车厢内的通风和换气问题，按结构形式不同可分为外倾式、外滑式、内藏式和敞篷式等。天窗安装后，应进行质量检验和试运转。（本书未涉及，请感兴趣的读者自行查阅相关资料）

2. 装饰性车灯的种类很多，主要有高强度放电灯、竞技型车灯、探照灯、倒车灯、车顶排灯、高位制动灯等。要根据汽车经常行驶区域的环境，有针对性地选择装饰灯。

3. 汽车座椅可按形状、功能、乘坐人数、饰面材料等进行分类。选装时一是要考虑美观，二是要考虑实用。

4. 汽车防盗器按控制方式分为传统的机械锁和电子防盗器两大类。机械锁主要是靠锁定离合、制动、加速踏板或转向盘、变速杆来达到防盗的目的。其优点是价格便宜，安装简便。缺点是防盗不彻底，只防盗不报警；电子防盗器中，网络防盗装置最为可靠，这种防盗装置利用目前覆盖面积极广的电信网络，实现汽车与车主即时双向互动，从而达到防盗、阻盗的目的。

5. 倒车雷达系统，由超声波传感器（俗称探头）、控制器和显示器等部分组成，现在市场上的倒车雷达大多采用超声波测距原理。

6. 导流板与车身前裙板连成一体，能减少涡流的产生，减小前端阻力，同时减少了进入车辆下部的空气总量，减低车底气压，降低前端提升力，提高行车安全性。扰流板能阻滞从车顶冲下来的气流从而形成向下去的作用力，减少车辆尾部的升力，提高了行车安全性。

7. 为防止底盘受侵蚀，要对底盘加以保护，以延长底盘保持良好的技术状态的时间。一般底盘保护有底盘塑封和底盘装甲两种方式，还有单独针对发动机和变速器的加装底盘护板等保护底盘的方法。

8. 护杠一方面能够在事故当中缓冲撞击力、保护车身，另一方面还使车辆具备鲜明的个性。护杠从结构上可以分为前杠、侧杠（或称侧踏板）和后杠三类。

项目训练

一、选择题

1. 在汽车天窗的各功能中，（　　）是天窗所不具备的。

A. 换气　　B. 节能
C. 除霜　　D. 减轻重量

2. 一般国产车的原厂灯出厂时的色温为（　　）。

A. 1000K　　B. 2000K
C. 3000K　　D. 4000K

3（　　）不属于儿童安全座椅的特点。

A. 价格便宜　　B. 舒适
C. 安全　　D. 调节方便

4. 汽车防盗器不具备（　　）功能。

A．节能　　B．设防

C．寻车　　D．遥控

5.（　　）的防盗效果最好。

A．机械锁　　B．网络防盗器

C．单向防盗器　　D．双向防盗器

6. 不属于倒车雷达组件的是（　　）。

A．传感器　　B．控制器

C．执行器　　D．显示器

7. 导流板与车身（　　）连成一体。

A．前裙板　　B．后裙板

C．车顶　　D．尾箱

8. 汽车采用（　　）工艺，以延长底盘寿命。

A．喷漆　　B．塑封

C．注蜡　　D．合金

9. 底盘装甲无（　　）作用。

A．耐水　　B．耐酸

C．耐汽油　　D．耐火

10. 汽车护杠的作用不包括（　　）。

A．缓和撞击　　B．保护车身

C．提高行驶稳定性　　D．美观

二、判断题

1. 汽车行驶时，开天窗的风噪比开侧窗的风噪大。（　　）
2. 遇到下雨时，不要开启天窗。（　　）
3. 高强度放电灯又称氙气灯。（　　）
4. 氙气灯的亮度大约是同功率钨丝灯的2～3倍。（　　）
5. 探照灯可用于轿车的照明。（　　）
6. 汽车座椅的改装一定要充分考虑驾驶习惯。（　　）
7. 汽车机械锁的防盗性较好。（　　）
8. 单项防盗器的防盗效果较差，不环保。（　　）
9. 市场上的倒车雷达多采用红外线测距原理。（　　）
10. 扰流板可减少汽车前端阻力。（　　）
11. 底盘塑封可起到隔温、节省燃油的作用。（　　）
12. 底盘塑封前必须清洗车辆。（　　）
13. 底盘护板可保护发动机油底壳、变速器免遭划伤。（　　）
14. 汽车护杠一般都是通过焊接固定的。（　　）
15. 挡泥板可防止污水溅到车身上部。（　　）

三、简答题

1．汽车天窗的作用是什么？有哪些种类？
2．汽车灯具有哪些种类？各有何特点？
3．汽车座椅有哪些种类？如何选择？
4．汽车防盗器的种类及安装程序？
5．倒车雷达的组成及其安装方法？
6．汽车导流板和扰流板的作用是什么？
7．如何进行汽车底盘保护？
8．如何选择车身护杠？

项目六
汽车美容企业的经营和管理

项目导读

本章主要介绍现代汽车美容行业的起源和发展趋势，主要讲解现代汽车美容企业的管理形式和基本的管理常识。通过本章的学习，有助于读者了解汽车美容行业发展的科学性和专业性。

任务一 汽车美容企业的发展概况

任务描述

今天的汽车美容是一个全新的概念，它与一般的计算机洗车、普通打蜡有着本质上的区别。专业汽车美容的与众不同之处在于它自身的系统性、规范性和专业性。系统性就是着眼于汽车的自身特点，对汽车进行由表及里的全面而细致的保养；规范性就是每一道工序都有标准而规范的技术要求；专业性就是严格按照工序要求，采用专业工具、专业产品和专业手段进行操作。汽车美容应使用专业优质的养护产品，针对汽车各部位材质进行有针对性的保养、美容和翻新，使经过专业美容后的汽车外观洁亮如新，漆面亮光长时间保持，有效延长汽车寿命。

相关知识

一、汽车美容的发展现状

目前我国的汽车美容行业具有下述四大明显特征。

1. 起步较晚，发展潜力巨大

我国的汽车美容行业虽然起步较晚，但发展比较迅速。目前我国的汽美容企业已达几十万家，并且国际上的众多连锁企业都纷纷在中国发展，汽车美容行业正处于一个迅猛发展的良好时期。

2. 汽车美容市场潜力巨大

随着我国经济的高速发展和人们消费观念的改变，中国必将成为世界上汽车消费的大国之一。我国的轿车保有量在未来一二十年会有着巨大的提高，因此汽车的美容与养护必然成为人们的日常消费之一。市场调查显示，我国 60%以上的私人高档轿车车主都有给汽车外部美容养护的经历，30%以上的私人低档车车主也逐渐地开始对爱车进行汽车美容，30%以上的公用高档车车主也对车辆进行定期的外部美容养护，所以汽车美容业在我国有着巨大的市场发展空间。

3. 市场管理水平有待提高

作为一个新兴的产业，由于没有明确的主管部门，并且缺乏有关的技术标准和现成的法律法规，该行业还存在一些问题。汽车美容行业存在的问题：从业人员专业基础知识薄弱，缺乏相应的专业培训，汽车美容技术的传授和更新速度十分缓慢；由于各大汽车美容企业的自我保护意识较强，阻碍了汽车美容行业的专业知识交流和业务水平提高。所以汽车美容行业的规范、汽车美容知识的普及以及对汽车美容专业人才的培养势在必行。

4. 发展前景广阔

汽车美容行业的潜在市场很大，随着人们对汽车美容需求的增大，给汽车美容行业创造了巨大的发展空间。随着国家对汽车美容行业的关注，以及汽车制造业的发展，我国的汽车美容行业会有更好更快的发展。

二、汽车美容行业的发展趋势

调查表明，我国的私人汽车保有量逐年增加，汽车正在发展成为一种大众的消费品。与此同时，车主对自己的爱车也越加呵护，“三分靠修七分靠养”的观念落实到一种实实在在的消费行为上，汽车美容行业已经成为了一个新兴的朝阳产业。

根据欧美国家统计，在一个完全成熟的国际化汽车市场中，汽车的销售利润在整个汽车业的利润构成中仅占 20%，零部件供应的利润占 20%，而 50%～60%的利润是从汽车服务业中产生的。美国汽车服务业的营业额已经超过汽车整车的销售额，其中，单单一个汽车美容业年产值就已超过 3500 亿美元。

随着汽车工业的发展，中国将进入汽车普及时代，汽车美容养护行业作为新兴的产业也将蓬勃发展起来，成为汽车售后服务市场的重要组成部分。通过多年的发展，汽车美容养护项目与日俱增，已由最初的简单洗车到现在的汽车打蜡、除渍、除臭、吸尘及车内外的清洁服务等常规的美容护理，扩充到利用专业美容系列产品和高科技设备，采用特殊的工艺和方法，对漆面增光、打蜡、抛光、镀膜及深浅划痕处理，全车漆面美容以及底盘防腐涂胶处理，免拆清洗发动机等一系列养车技术。由于汽车美容变得越来越人性化，因此汽车美容市场必将会朝着高技术、高质量、专业化的水平发展。以养为主、以修为辅的养护模式也必将成为汽车时代的主流，同时也预示着汽车美容市场具有着广大的发展空间和良好的发展前景。现代汽车美容养护企业的形象外观效果图如图 6-1 所示。

图 6-1 现代汽车美容养护企业的形象外观效果图

任务二 现代汽车美容店的经营管理

任务描述

对汽车美容店的建立进行准确的成本预算是成功的关键，因此必须进行细致的考虑。成本预算最重要的是在确定自己投资的汽车美容店的级别后，根据实际需要测算出用于开店的各项开支的大概费用。这些资金主要包括房屋租金、工具设备、耗材、员工工资等相关费用。

相关知识

一、汽车美容店的成本预算

市场上工具和耗材的种类繁多，开店初期必须确定好自己所要开展的服务项目。一般开店之初不可能开展所有的美容项目，应逐步扩大规模，避免由于盲目投资使资金周转不灵。一般的汽车美容店可供购买的基本工具设备如表 6-1 所列。

表 6-1 基本工具设备

类别	具体对象		
设备	蒸气消毒机	贴膜工具	臭氧消毒器
	泡沫机	研磨抛光机	地毯脱水机
	洗车机	空气压缩机	打蜡机
	干湿两用吸尘机		
工具	羊毛研磨盘	仿鹿皮毛巾	洗车海绵
	海绵研磨盘	轮胎刷	洗大车长刷
	吸水布	水桶	黏土
	羊毛手套	水管	
耗材	多功能泡沫清洗剂	玻璃清洗剂	内饰清洗剂
	发动机外部清洗剂	轮胎清洗剂	洗车液
	轮胎泡沫光亮剂	车轮上光剂	计算机水蜡
	表板去污上光蜡	全能水	车蜡

二、店址的选择和装修

在汽车美容养护行业中，店址选择是开好美容养护店的关键一步，选择一个理想的店址是成功的基础。因其不同于其他行业，场地是否适合汽车美容养护经营，店面结构是否方便经营项目作业等都是困扰经营者的难题，店址的好坏直接关系到以后的经营。

店面的地址主要是依据人气、地段及经营需要来进行选择。依据人气选址，必须考虑以下因素：

（1）人流量：平常、假日及日、夜来往人次和比例。

（2）车流量：汽车、摩托车往来流量（对于投资汽车美容行业而言，这点是至关重要的）。

（3）交通：目前及未来可能增减的运输工具。

（4）马路宽窄与停车问题。

（5）区域特征：竞争店、互补店、金融机构及文教、休闲设施等。

（6）人口勘查：该区人口数量、消费习惯等。

（7）商圈勘查：主要及次要商圈范围、租金、价位。

总之，根据人气选址开店，可粗略分为两种：一种开在人来人往的闹市口；一种开在居民小区。

依据地段选址，店铺的地段一般有三类：第一类是成熟的中央商务区；第二类是成形的商圈，多邻近大型的住宅区或就业中心区，能吸引大量就业人口的商务办公楼或经济开发区；第三类是住宅小区内部。

依据经营需要选址，一要根据经营内容来选择地址，店铺销售的商品种类不同，其对店址的要求也不同；二要选取自发形成某类市场的地段；三要选择有广告空间的店面，有的店面没有独立门面，店门前自然就失去独立的广告空间，也就失去了在店前发挥营销智慧的空间。四要有“借光”意识，即把店铺开在著名连锁店或强势品牌店的附近，甚至可以开在它的旁边。汽车美容店的选址如图 6-2 所示。

图 6-2　汽车美容店选址

三、汽车美容项目的设定

现代汽车美容服务大体上可分为防爆隔热膜施工、车身美容、内饰美容、漆面处理、汽车防护和汽车精品六大部分。汽车美容服务项目具体概括为：

（1）车窗贴防爆隔热膜。包括前挡、后挡、侧窗。通常用的膜的颜色有绿色、天蓝色、灰色、棕色、自然色等。

（2）车身美容。车身美容服务项目包括计算机洗车，去除沥青、焦油等污物，上蜡增艳与镜面处理，漆面方程式处理，新车开蜡，钢圈、轮胎、保险杠翻新与底盘防腐涂胶处理等。

（3）内饰美容。内饰美容服务项目可分为车室美容、发动机美容及行李箱清洁等项目。其中车室美容包括仪表台、顶棚、地毯、脚垫、座椅、座套、车门内饰的吸尘清洁保护，以及蒸汽杀菌、冷暖风口除臭、室内空气净化等项目。发动机美容包括发动机冲洗清洁、喷上光保护剂、做翻新处理、三滤清洁等项目。

（4）漆面处理。漆面处理服务项目可分为氧化膜、飞漆、酸雨处理，漆面深浅划痕处理，漆面部分板面破损处理及整车喷漆。

（5）汽车防护。汽车防护服务项目包括安装防盗器、倒车雷达、静电放电器、汽车语音报警装置等。

（6）汽车精品。作为汽车美容服务的延伸项目，汽车精品能满足驾驶员及乘车人员对汽车内部附属装饰、便捷服务的需求，如车用香水、脚垫、座垫、座套、把套等的配置，能使汽车美容服务贴身贴心。

四、员工的招聘及培训

无论在建立期间还是在正常运作后，汽车美容店很重要的一项工作就是员工的招聘和对员工的培训。

通常汽车美容店的人员结构如下：

（1）组织结构。

店长一名。

店长助理一名，营业员一名（女）。

员工若干名（包括副营业员一名，汽车维修工中级工一名，机修学徒一名，懂电工知识的机修工一名，美容工等）。

（2）职责分工。

店长：主管销售，兼管生产和后勤，兼销售组组长。

店长助理：主管生产和材料设备损耗，兼管销售和后勤，店长不在时执行店长的职责，兼生产组组长。

营业员：负责收款和服务客户。

维修工：汽车检测、快修、保养、泊车等工作，其余时间协助美容工工作。

员工：执行生产和销售。

（3）工作组结构。整个分店又分为生产组、销售组和后勤组。

- 生产组成员为营业员，在人手不够的时候店长也要帮忙，店长助理应该带头做起。生产组成员的职责为完成生产任务。
- 销售组成员为所有员工。销售组成员必须在完成本职工作后才能去推销其他项目。销售组成员的职责为完成生产任务的同时进行项目推广。
- 后勤组成员为店长、店长助理、营业员组成。其职责为组织开展企业文化活动，解决员工日常吃住问题，为需要照顾的员工提供服务等。

（4）从技能划分员工。

机修工：中级工两名，其中一名是管理人员，一名学徒为兼职。

电工：一名，学徒一名为兼职。

美容工：若干名。

收银员含接待：两名，其中一名为兼职。

分店管理人员必须具备中级机修工的技术（能完成二保以内的工作）。

（5）管理者的技能构成。管理者技能结构：技术技能占70%，即机修达到中级工水平（相当于3年学徒，能独立操作一般修理项目）、电路初级工（达到1年学徒水平，了解电路机构）、美容达到中级工水平（能独立操作一般修理项目）；销售管理技能占30%。所以，管理者不但要具备较强的技术水平，还要有相应的管理水平。

（6）招聘。招聘店面见习管理者。例如，招聘小型汽车服务店店面见习管理者的要求如下：

- 有机修中级工的技能。
- 有杂牌车修理经验。
- 懂汽车电路。
- 有驾驶执照。
- 高中或技校以上学历。
- 过去的工作单位必修是二类汽修厂或一类杂牌车修理厂（因为品牌特约店出来的中级工擅长该品牌车的维修，而非品牌车的维修技能却相对薄弱。小型汽车服务店的客户可能拥有各种品牌的车）。

见习管理者店面培训的内容：美容技术（比修理厂的技术强），管理和经营技术（在修理厂没有机会得到培训）。

五、员工的服务态度与行为准则

聆听——聆听顾客的意见是最重要的技巧之一。真实了解顾客的需要，满足他们的要求，是一项极具挑战性且很有价值的工作。

忍耐——忍耐是一种美德。面对犹疑不决、暴躁、鲁莽或蛮不讲理的顾客，应保持冷静，要试图了解他们的想法，你的态度将决定他们是否满意我们的服务。

热诚——对工作、工作场所、顾客、产品和服务，都要表现出真正的兴趣。当周围的人都恭敬有礼、笑容满面和乐观开朗时，顾客也会感染到这些气氛。

体谅——顾客经常会考验你的耐性。一些很匆忙的顾客可能会不停地催促你，在这种情况下，你应抱着谅解的态度为他们提供服务，不要受他们的影响；相反，若你情绪激动、满怀敌意，则说明你的情绪被他们控制了。要保持冷静，因为除了你自己，没有人可以控制你的情绪。

合作——你是团队的一分子，作为团队的成员，要和同事真诚合作、互相协助、互相支持。

诚实——诚实对待自己和别人，信守公司的服务承诺。

图6-3为汽车美容企业的服务台示例。

图 6-3　汽车美容企业服务台

（1）电话用语。常用的电话用语如下：

- 您好，XX 店。
- “请问您找哪一位？”或“对不起，请问您是哪一位？”
- 请稍等。
- 请问您需要留言吗？
- 请问您有什么事?
- 对不起，请您再说一遍。
- 他在另一处办公，请您直接给他打电话，电话号码是……。
- “对不起，他不在，如果您有急事，我能否代为转告?”或“请您过一会儿再来电话。”
- 请留下您的电话或联系地址。
- 谢谢，再见。

（2）接打电话的规范。

1）电话来时听到铃响，至少应在第三声铃响前取下话筒。

2）每次接听电话时都必须说：“喂，您好！”。

3）通话要简明扼要，不得在电话中聊天。

4）对电话所述的业务，判断自己不能处理的，可坦率地告诉对方，并马上将电话转给能够处理该业务的同事。

5）将记录的电话内容及时转告相关部门或人员处理。

6）一般铃响两次及时接听，铃响不要超过四次，否则要说“对不起，让您久等了”。通话时要态度和蔼，声调温和而富有表现力，语气适中，语言简洁，口齿清晰。通话完毕后，应等对方挂机后再挂断。切记挂断电话时声音不要太响。

7）如果电话里出现生硬的话语，对方会觉得你是一个“不礼貌的人”，或者对方会想“他好像生气了，为什么？”“自己是不是让对方产生了什么误解？”。任何时候接电话时都要细心地用清楚的语调回答对方。

8）打电话时不仅要认真倾听对方讲话，还要礼貌地回应对方。适度地附和与重复对方谈话中的要点，或者将这些要点用另一种简洁的方式表达出来，不仅会使对方感到你在认真听他讲话，而且也比只是简单地说“是”或“好”要让人愉快得多。切记，千万不要轻易打断对方的谈话。通话完毕应当谢谢对方给予自己的帮助，要礼貌地说“再见”，最好等对方挂断后再挂断电话，而不要很突然地挂断电话。

（3）日常举止言行

1）在我们日常工作中应掌握好以下十个字："您好""请""对不起""谢谢""再见"。如何运用，给大家一个顺口溜："您好"不离口，"请"字放前头（放在请求别人做事的话之前），"对不起"时时有，"谢谢"跟后头（用在别人帮助我们之后），"再见"送客走。

2）工作现场避粗鄙（特别是有顾客在现场的时候），主要是指避免言语粗野。

3）礼貌用语。

- 当顾客距离我们较远的时候，应该用微笑接待，即3m微笑。
- 我们在店里遇到顾客的时候，先微笑接待，然后称呼"你好"。
- 问顾客贵姓时说"请问，小姐/先生，贵姓"。
- 向顾客询问说"请问，小姐/先生，……"。
- 请顾客协助或需要麻烦顾客时说"对不起/打扰了，小姐/先生，×××事情需要你帮忙，……"。当事情完成时应该说"谢谢你"或"你费心了"。

任务三 顾客的管理和投诉的处理

任务描述

人与人之间的交流是促进企业良性发展的有效措施，其中包括对顾客信息的管理和顾客投诉的处理。

相关知识

一、顾客的管理

顾客的管理就是搜集、整理顾客的信息，并根据顾客的信息与顾客进行各种形式的信息交流从而达到促进业务发展的目的。

（1）搜集顾客信息。采用多种方式搜集顾客信息，可通过市场调查、熟人介绍等方式，但最有效的方式是对来店顾客的资料进行记录。

（2）了解顾客背景。了解顾客背景，与顾客聊天的同时迅速拉近彼此的距离，对推动业务发展很有益处。在与顾客进行交流的时候，应该有技巧地询问和观察顾客的背景，包括顾客的家庭背景、职业背景、社会背景。

（3）与顾客的联系。可通过信函的方式与顾客进行联系，逢年过节给顾客送上一张贺卡以示问候，给顾客带来惊喜。也可通过电话进行联系，恰当得体地向顾客提醒车子该进行保养维护了。还可以通过赠送小礼品的方式来与顾客进行联系，一是取悦顾客，二是作为搜集顾客资料的有效手段。

（4）拜访。拜访是拉近顾客距离的最好方式，但拜访时应该做得自然得体，就像顺路路过一样，不要让顾客觉得你是有意讨好他，不要因拜访而打扰顾客的生活。

二、投诉的处理

投诉一般都是因为顾客对所购买的商品或服务质量不满意而产生的，因此在投诉发生后，绝对不能以因为惧怕损失或想逃避责任的心态对顾客强词夺理，一味地推卸责任。这既不能解决问题，又会使顾客对本店失去信任，从而最终造成顾客的流失。

处理投诉的基本原则如下：

（1）无论何种原因，都必须无条件地、诚恳地倾听顾客的投诉。

（2）必须在最短的时间内找出投诉的原因。

（3）避免让投诉对象直接处理投诉或与顾客面对面。

（4）在顾客面前要表现出积极主动处理问题的姿态和热情。

（5）迅速向责任人进行汇报。

（6）在更换投诉处理人时，避免向顾客询问相同的问题。

任务四 汽车美容连锁经营

任务描述

连锁经营或连锁店产生于 19 世纪中后期的美国。世界上第一家现代意义上的正规连锁店是成立于 1859 年的美国“大西洋和太平洋茶叶公司”。十年以后，世界上第一家运用特许经营模式的商业企业“胜家缝纫公司”在美国诞生。在其后一百多年的历程中，连锁经营从美国发展到全世界的各个角落，并从零售业拓展到餐饮业、汽车经销业、酒店业、房地产业、咨询服务业等众多行业。

相关知识

一、连锁经营的基础知识

世界连锁经营的发源地是美国，同时美国也是目前全球连锁经营发展最为发达的国家。以美国为例，连锁经营的发展经历了三个主要阶段。

第一阶段：开创时代（19 世纪 50 代至 20 世纪 50 年代）。

在这一百年当中，连锁经营从无到有，并在 20 世纪 30 年代达到高峰。这一时期的连锁经营企业主要以食品零售和餐饮为主，且以“商标商品连锁”为主要形式。

第二阶段：成熟时代（20 世纪 50 年代到 80 年代）。

随着计算机技术的发展和普及，以及多种营销方式的产生，连锁经营在这一阶段进入了传统商业连锁的成熟期。

第三阶段：升级时代（20 世纪 80 年代至今）。

进入 20 世纪 80 年代以来，连锁经营进入全面升级的时代。

首先是所涉行业的多元化。随着连锁经营在传统零售业和餐饮业的成功，连锁经营的优势开始在其他行业进行渗透，包括非食品零售业、旅馆业、租赁业、休闲旅游业等诸多领域。

其次，随着信息技术的进一步发展，传统连锁经营开始向其高级阶段——特许经营、连锁加盟模式进行过渡。传统连锁经营向特许经营的演化及特许经营的全球化将是21世纪连锁经营发展的趋势。

连锁经营作为一种现代化流通组织方式和经营行式，与过去商业时代的经营方式相比有许多新的特点。连锁经营的含义是指由同一资本所有，经营同类商品或服务，由一个总部集中管理和领导，进行经营活动的组织化零售企业集团。欧美国家一般要求连锁店的数目要在 11 个以上。

连锁经营与其他商业经营模式相比具有以下优势：

（1）规模优势。

1）连锁企业分布范围广、市场占有率高。

2）直接与供应商挂钩，物流中心承担了部分批发职能，省去了中间经营渠道。

3）容易产生定向消费信任和依赖。

4）连锁企业网点多，单店经营费用降低。

5）可快速提升企业与产业链的竞争地位。

6）容易快速聚集资本，吸引投资。

（2）“四化”优势。

1）技术开发的专业化，有利于店铺经营水平的提高。

2）经营的标准化，有利于改善服务、扩大销售范围。

3）管理的集中化，有利于降低企业的经营成本。

4）高度的组织化，增强了市场竞争力。

1. 连锁经营的分类

目前，连锁经营在世界范围内还没有一个统一的分类标准。一般来讲，连锁经营从产生至今已发展出以下三种业态形势。

（1）正规连锁经营。正规连锁经营又称直营连锁，是连锁经营的基本形态，即由总公司直接投资开设，并拥有所有权的连锁店。

（2）特许经营（或连锁加盟）。特许经营是现阶段连锁经营发展的高级形式，它是一种以经营权的转让和知识产权的许可为核心的连锁经营业态。

（3）自由连锁经营。自由连锁经营是一种单店所有权保留的较为宽松的连锁经营联合体，目前在日本最为发达和流行。

2. 特许经营的概念

特许经营表示以一种特殊形式经营的商业，目前在国内是一个比较新的商业模式概念。特许经营虽然在全世界已经经历了一百多年的发展，但目前尚没有一个统一明确的定义，而且不同的国家、组织都有自己的定义。中国原“国内贸易部”对特许经营的定义如下：特许经营是指特许者将自己所拥有的商标、商号、产品、专利和专有技术、经营模式等以特许经营合同的形式授予被特许者使用，被特许者按合同规定，在特许者统一的业务模式下从事经营活动，并向特许者支付相应的费用。

3. 特许经营、连锁加盟与传统连锁经营的区别

特许经营、连锁加盟是连锁经营发展的一种高级形态。特许经营、连锁加盟除具有传统连锁经营的一般共性外，其与传统连锁经营的区别主要有以下几点：

（1）所有关系不同。传统连锁经营的所有权关系是单一的，即连锁总部拥有全部分店的所有权；而特许经营的所有权关系是多重的，分别由特许商和加盟商所有。

（2）经营的范围不同。传统连锁经营的范围一般仅限于商业流通业，不涉及制造业和新兴服务业；而特许经营的范围则宽泛得多，在制造业中也有大量实例。

（3）法律关系不同。在特许经营中，特许商和加盟商之间的关系是合同双方当事人的关系，双方的权力和义务在合同条款中有明确规定。而传统连锁经营中不涉及这种合同，总部和分店之间由公司内部的管理规则调整关系。

（4）运作方式不同。特许经营业务开展的基础是一整套经营模式或某项独特的商品、商标，而传统连锁经营则不需要这些内容。传统连锁经营只需要有足够的资金和合适的业务类型就可以进行。

（5）发展方式不同。特许经营通过吸收独立的商人加入而扩大体系，特许商不仅需要努力吸引潜在的加盟商，还需进行选择加盟商的工作，并为加盟商提供培训等服务。而传统连锁经营要扩大规模则只需进行市场调查，选择合适的地点，筹集到足够的资金就可以了。

二、汽车美容加盟连锁简介

1. 龟博士

龟博士产品来自美国，扎根中国大陆多年以来，得到了车主的爱戴与青睐。加盟商可以从龟博士加盟连锁中国事业部得到最优惠的价格体系，从而保证加盟商在销售或服务使用上获取巨大的利润空间。

（1）设备方面。龟博士是以特色著称的汽车服务品牌，其特色的机械设备让同行竞争者叹为观止。多年来，龟博士加盟商们利用自己的特色机械设备创造了一个又一个销售神话。

（2）经营方面。龟博士直营店和全国各地的加盟店都注重从细节入手，用先进的技术和真诚的服务感动着每一位前来的顾客。

（3）优质服务。龟博士一直将“务实、诚信”作为企业运营的原则，将“质量第一、信誉第一、用户至上、服务至上”作为企业服务的宗旨。

（4）网络支持。信息科技高速发展的今天，龟博士充分利用互联网高效、快捷、无疆域限制、无时空限制的优势为加盟商提供最新的技术支持和沟通窗口。消费者可以从龟博士加盟连锁事业部网站直接查询加盟商资格认证以及每一位龟博士学员的相关信息。

（5）广告宣传。龟博士每年投资数百万用于品牌形象的宣传和推广，无论是电视台、电台、报刊、各大网站都会看见龟博士的名字。

（6）培训体系。龟博士结合加盟商需求和多年的国内市场经验，开辟出一条经典理论与实际操作相结合的培训教学体系，输出了一批又一批人才，加盟龟博士将获得总部的永久技术支持。

（7）物流体系。龟博士与国内多家专业物流公司结成战略合作伙伴关系，配送体系遍及全国各个地区，配送能力稳定可靠，能在最短时间内运送到位，保质保量。

2. 驰耐普汽车美容连锁

驰耐普汽车美容连锁进入中国已有多年的时间了。它将“七分养、三分修”的爱车理念带入中国，引进了先进的产品技术和管理模式，凭借着质量过硬的名牌产品、先进的技术、千余家连锁店的成功经验，赢得了广大消费者的厚爱。

（1）加盟级别。加盟级别有 6.8 万、10 万、18 万、38 万、80 万、180 万、380 万。加盟者可以拥有全套汽车美容养护设备，百余件汽车养护产品，并免费学习汽车美容技术，获得相关教学课件、员工工作服及开业所需的宣传品等。

（2）市场优势。提供汽车销售之后的系列服务。总部每年都有新项目、新技术免费推广。

（3）品牌优势。驰耐普源于美国，在中国已有多年的历史。驰耐普的汽车服务以高标准、高品质的理念服务于汽车用户，它的连锁店、直营店遍布全国各地。

（4）品质优势。驰耐普汽车用品已有 100 多年的历史，被国外媒体誉为“汽车养护专家”，并被美国公路管理局、美国环保局、国防部推广使用。

（5）技术优势。统一集中多元化培训、理论与实践相结合；高级技师上门传、帮、带进一步传授实战经验。根据级别，加盟初期进行上门选址评估，店面设计，总部配送开业宣传用品，开业策划方案，技师坐店指导，快速将经营带入正轨。

3. 车爵仕汽车酷装美容连锁

车爵仕汽车酷装美容连锁隶属于全球跨行业领袖企业——美国 JOINNS 集团。在美国，车爵仕开创了汽车美容连锁专营店“开一家成功一家”的成功典范，被人们亲切地誉为汽车服务领域的“麦当劳”。

（1）品牌优势。车爵仕是一个具有多年历史的美式汽车服务全球知名品牌。2003 年在中国成立北京车爵仕汽车用品有限公司以来，公司始终坚持单一品牌战略，将大量资源倾注于同一品牌，区别于众多连锁品牌大量代理其他品牌产品，所以优势更加集中、卖点更加清晰，防止多品牌内部矛盾、分散精力，一心打造纯粹的“车爵仕”品牌。对于加盟商而言，这种模式更加透明，更容易进入，而且一旦进入即可迅速在区域内建立强有力的品牌高度。

（2）生产优势。车爵仕连锁（中国）总部，凭借美国总部强大的研发能力，移植工厂到中国，实现产品本土化生产，大大减少了中间环节和运输时间，有力压缩了管理成本和物流成本。这些节约下来的费用将最终体现在产品的综合成本上向加盟商倾斜，形成巨大的价格优势和竞争优势。其核心产品严格按照欧洲质量标准验收，确保了产品品质，同时卓越的产品研发能力在保障产品质量的同时还能满足市场对品牌差异化的要求。

（3）产品优势。车爵仕汽车酷装美容专营店的产品及技术 70%为独家资源，30%为共享资源，项目综合优势在中国同行业中位居前 3 名。70%产品及技术为独家资源使加盟店独享高利润而免除同行恶性竞争的经营风险。专营店的服务主推汽车美容高端项目（即个性和“酷装”），单位收益率是常规汽车美容项目的 2～3 倍，从而摆脱中低端汽车美容的烦琐，保证专营店的服务更加专精，日常工作也更加轻松。车爵仕酷装美容店可顺带经营高品位汽车饰品项目，既作为酷装美容业务的点缀，又可为专营店带来 10%～20%的额外收入。

（4）营运优势。车爵仕凭借几十年丰富的连锁经营管理经验，对加盟店的店长、店员实行强化培训，全面提高加盟店经营管理者的营运水平。总部定期邀请行业内的专家以及国内营销管理精英为加盟商提供经营管理培训，介绍先进的经营管理理念、成功加盟店的经验、适合地方经济特色的营销模式以及行业的最新动态。同时，通过总部网站在线解答加盟商在经营中遇到的经营管理方面的问题，不断提升加盟店的管理与营销水平，为加盟商的成功奠定坚实的基础。

项目小结

1. 随着汽车工业的发展，中国将进入汽车普及时代，汽车美容养护行业作为新兴的产业开始蓬勃发展起来，成为汽车售后服务市场的重要组成部分。

2. 现代汽车美容店的经营管理方法。

3. 顾客管理和投诉处理的技巧。

4. 汽车美容连锁加盟店的历史及品牌介绍。

项目训练

一、选择题

1. 汽车美容行业起源于20世纪（　　）。

A. 20～30年代　　B. 30～40年代　　C. 40～50年代　　D. 50～60年代

2. 建立汽车美容企业，（　　）是关键。

A. 人才　　B. 专业设备　　C. 成本预算　　D. 选址

3. 现代汽车美容服务大体上可分为（　　）大部分。

A. 三　　B. 四　　C. 五　　D. 六

4. 汽车美容连锁诞生于（　　）。

A. 美国　　B. 英国　　C. 日本　　D. 中国

二、简答题

1. 简述汽车美容企业的现状和发展趋势。

2. 简述汽车美容企业的店址选择和美容项目的设定。

3. 简述典型汽车美容连锁企业的加盟优势。

参考文献

[1] 周燕，罗小青．汽车美容与装饰[M]．北京：机械工业出版社，2005．

[2] 姚时俊，杨明．汽车装饰[M]．北京：人民交通出版社，2003．

[3] 王飞．汽车美容[M]．北京：中国劳动社会保障出版社，2008．

[4] 姚时俊．汽车装饰经验谈[M]．北京：机械工业出版社，2007．

[5] 阎文兵，姜绍忠．汽车美容与装饰[M]．北京：北京理工大学出版社，2007．

[6] 吴文琳，吴丽霞．汽车美容与装饰图解[M]．北京：人民邮电出版社，2007．

[7] 钱岳明．汽车装潢与美容技术[M]．北京：人民交通出版社，2007．

[8] 张恩元，梁超．汽车改装培训教程[M]．北京：化学工业出版社，2007．

[9] 姚时俊，闫彬．汽车美容[M]．北京：机械工业出版社，2008．